AF555776

DICTIONNAIRE

DU

COMMANDEMENT ET DE L'ADMINISTRATION

DES

CORPS DE TROUPE DE TOUTES ARMES

ANALYSE

DES RÈGLEMENTS MILITAIRES ET DES MATIÈRES INSÉRÉES AU JOURNAL MILITAIRE OFFICIEL

ACCOMPAGNÉE D'UNE

TABLE MÉTHODIQUE

DANS LAQUELLE

LES ARTICLES DU DICTIONNAIRE SONT GROUPÉS DANS UN ORDRE CLAIR ET PRÉCIS

PAR

M. F. LOUIS

CHEF DE BATAILLON D'INFANTERIE

SUPPLÉMENT

CONTENANT LES DISPOSITIONS RÉGLEMENTAIRES SURVENUES PENDANT LES ANNÉES

1863, 1864 & 1865

ALGER

LIBRAIRIE ALGÉRIENNE, FRANÇAISE ET ÉTRANGÈRE DE DUBOS FRÈRES

Ve A. DUBOS ET J. DUBOS, SUCCESSEURS

1866

Le *Supplément* que nous publions contient toutes les dispositions **survenues depuis** la publication du *Dictionnaire*.

Le *Supplément* de 1863 s'y trouve fondu.

Le *Dictionnaire* est ainsi mis à jour jusqu'au 31 décembre 1865.

En tenant au courant des dispositions règlementaires nouvelles le *Dictionnaire du commandement et de l'administration des corps de troupe*, l'auteur s'est proposé de lui conserver son caractère d'utilité permanente.

Ceux qui consulteront ce *Dictionnaire* pourront ainsi ne pas craindre d'appliquer des dispositions modifiées ou abrogées, s'ils ont soin de l'annoter au moyen des *Suppléments*.

F. L.

ABRÉVIATIONS SPÉCIALES A CE SUPPLÉMENT

La nature et la date du document auquel sont dues les dispositions nouvelles sont consignées au bas de chacune de ces dispositions.

Les abréviations qui ne trouvent pas déjà leur explication en tête du *Dictionnaire* sont les suivantes :

Add.	—	—	Addition.
A. m.	—	—	Arrêté ministériel.
Art.	—	—	Article (du *Dictionnaire*).
col.	—	—	colonne.
C. m.	—	—	Circulaire ministérielle.
Déc. i.	—	—	Décret impérial.
D. i.	—	—	Décision impériale.
Dict.	—	—	*Dictionnaire du commandement* etc.
D. m.	—	—	Décision ministérielle.
I. m.	—	—	Instruction ministérielle.
Modif.	—	—	Modification.
N. m.	—	—	Note ministérielle.
O.	—	—	Ordonnance.
p.	—	—	page.
R.	—	—	Règlement.
§	—	—	Paragraphe.

ERRATA

DICTIONNAIRE :

Page	Colonne	Ligne	
80	1	19	*supprimez* : sous-officiers.
133	1	45	*ajoutez* : moins l'état de situation de la masse.

SUPPLÉMENT :

Page	Colonne	Ligne				
4	2	8	*au lieu de* :	1830	*lisez* :	1837.
6	1	28	—	préposé	—	proposé.
id.	2	22	—	l'armée	—	l'année.
id.	8	27	—	démission	—	admission.

N. B. — Voir, après la table (page 37), une note modificative de l'article FRAIS DE BUREAU.

TABLE MÉTHODIQUE

DES ARTICLES CONTENUS DANS LE SUPPLÉMENT

(1863-65)

(V. les DIVISIONS DE LA TABLE MÉTHODIQUE, p. 405, *Dict.*

I

ORGANISATION DE L'ARMÉE.

États-majors divers.

II

AVANCEMENT. HIÉRARCHIE. HONNEURS ET PRÉSÉANCES. FONCTIONS.

III

RECRUTEMENT. DOTATION DE L'ARMÉE.

Recrutement.

IV

ÉTAT DES OFFICIERS. NON-ACTIVITÉ. RÉFORME. RETRAITE. MARIAGE.

V

INSPECTIONS GÉNÉRALES, ADMINISTRATIVES, ETC.

VI

RÉCOMPENSES MILITAIRES.

VII

ÉTAT-CIVIL DES MILITAIRES.

VIII

JUSTICE MILITAIRE, ETC.

IX

INSTRUCTION DANS LES CORPS. ÉCOLES, ETC.

XI

SOLDE ET REVUES.

XII

ADMINISTRATION INTÉRIEURE DES CORPS.

Administration des corps. Service du trésorier.

Habillement.

Effets de petit équipement.

Armement. Munitions.

Masses diverses.

Ordinaires.

Congés. Permissions.

XIII

SERVICE DE MARCHE, ETC.

XIV

REMONTE. CHEVAUX.

XV

CASERNEMENT.

XVIII

SUBSISTANCES. CHAUFFAGE ET ÉCLAIRAGE.

XIX

HOPITAUX, ETC. EAUX THERMALES.

FIN DE LA TABLE

N. B. — Au moment où nous mettons sous presse cette dernière page, nous apprenons que le 2e article de la lettre F, au *Supplement*, FRAIS DE BUREAU, vient de subir les modifications suivantes :

1° *Au commencement de cet article, il faut supprimer* : Cependant par exception ; *et, à la fin, supprimer aussi* : de la seconde partie de la masse d'entretien.

2° *Enfin, l'indication* : D. m. 13 mai 50, *doit être remplacée par celle-ci* : (D. m. 22 mars 66).

Ces modifications nous ont paru trop importantes pour n'être pas consignées ici.

LES ÉDITEURS.

SUPPLÉMENT AU DICTIONNAIRE

DU

COMMANDEMENT ET DE L'ADMINISTRATION

DES

CORPS DE TROUPE DE TOUTES ARMES

1863 — 1864 — 1865

A

Archives.

(Modif. au dernier §, col. 2, p. 35, *Dict.*)

Les sous-intendants militaires ont la faculté de prononcer définitivement sur la destination à donner aux registres et papiers provenant des corps de troupe et des établissements militaires et qui sont devenus inutiles. Ces fonctionnaires doivent se conformer à cet égard aux dispositions du titre XV de l'ordonnance du 10 mai 1844, en ce qui concerne les corps de troupe, et, quant aux établissements militaires, aux règles particulières à chaque service.

Les papiers de comptabilité susceptibles d'être livrés intacts au commerce, tels que revues de liquidation, feuilles de journées, feuilles de décompte de la masse individuelle, etc., sont remis au domaine, pour être vendus au profit du trésor public.

Quant aux registres et papiers qui ne pourraient, sans inconvénient, être mis dans la circulation, ils sont livrés au service de l'artillerie pour la confection des cartouches, notamment les registres des délibérations, les registres et pièces de correspondance, les registres et feuilles de punitions, les registres des vaguemestres, les feuilles de route et autres documents analogues. Lorsque ces papiers ne peuvent être utilisés par l'artillerie, ils sont versés au domaine, après avoir été lacérés avec soin.

La destruction des registres et papiers de la gendarmerie a lieu conformément au titre XVII du décret du 18 fév. 1863.

Il n'est pas dérogé aux règles établies en ce qui touche les papiers jugés inutiles à conserver dans les archives des divisions militaires et des intendances. Les inventaires de ces papiers doivent continuer d'être soumis à l'approbation du ministre (N. m. 1er nov. 63).

Le tarif général du 30 novembre 1855 détermine le maximum de poids alloué pour le transport des archives du chef de corps, du lieutenant-colonel et des officiers comptables.

Armes prises dans les magasins de l'État.

(Modif. aux §§ 3, 4, 5 et 6, col. 1, p. 46, *Dict.*)

Lorsque l'établissement d'artillerie dans lequel on prend les armes est éloigné de plus de 12 kilom., le transport est effectué aux frais de l'État, par la voie des transports directs de la guerre, au lieu de l'être à la charge de la masse générale d'entretien du corps. Les armes doivent être encaissées (N. m. 16 janv. 64).

Aumôniers militaires.

(Add. au même Art., p. 52, *Dict.*)

La solde des aumôniers militaires est affranchie de la retenue de 2 p. % dont elle était passible au profit du trésor (D. i. 24 juil. 63).

B

Bagages à la suite des corps.

(Modif. à cet Art., p. 59, *Dict.*)

CORPS A L'INTÉRIEUR. — Le service des convois, au lieu d'être assuré directement par les corps, l'est au moyen de marchés passés par voie d'adjudication publique, dans chaque département, pour tous les gîtes qu'il renferme.

Les mandats de convoi sont délivrés au point de départ, par les fonctionnaires de l'intendance ou

[Bagages à la suite des corps]

TABLEAU du nombre de mulets de bât et de paires de cantines revenant aux corps de troupe, pour former leurs équipages régimentaires de campagne dans le système de transport par mulets de bât

DÉSIGNATION DES CORPS		NOMBRE DE MULETS DE BAT ET DE PAIRES DE CANTINES — Pour le matériel du corps: Caisse et comptabilité (1)	Ambulance médicale (2)	Ambulance vétérinaire (3)	Outils d'armuriers et pièces d'armes (4)	Pour les bagages particuliers et le matériel de cuisine des officiers inférieurs: Officiers inférieurs de l'État-Major (5)	Officiers inférieurs des compagnies ou escadr. (6)	TOTAUX
Régiment d'infanterie	A 2 bat. de 6 comp. avec l'État-Major	2	2	»	1	4	24	33
	A 2 bat. de 7 id.	2	2	»	1	4	28	37
	A 2 bat. de 8 id.	2	2	»	1	4	32	41
	A 3 bat. de 6 id.	3	3	»	1	4	36	47
Bataillon de chasseurs à pied de 6 comp.		1	1	»	1	2	12	17
Régiment de tirailleurs algériens	A 2 bat. de 6 comp., avec l'État-Major	2	2	»	1	4	36	45
	A 2 bat. de 7 id.	2	2	»	1	4	42	51
	A 2 bat. de 8 id.	2	2	»	1	4	48	57
	A 3 bat. de 6 id.	3	3	»	1	4	54	65
Régiment de cavalerie	A 2 escadrons, avec l'État-Major	1	1	1	1	4	4	12
	A 3 escadrons, id.	2	2	1	1	4	6	16
	A 4 escadrons, id.	2	2	1	1	4	8	18
	A 5 escadrons, id.	3	3	1	1	4	10	22

OBSERVATIONS

Arrêté ministériel du 23 mars 1858:

(1) Un par bataillon d'infanterie et par deux escadrons de cavalerie.

(2) Un par bataillon d'infanterie et par deux escadrons de cavalerie.

(3) Un par régiment de cavalerie (les cantines, d'un modèle spécial, sont fournies par le service de la cavalerie).

(4) Un par régiment d'infanterie ou de cavalerie et par bataillon de chasseurs.

Décision du 21 avril 1859:

(5) Quatre par régiment d'infanterie ou de cavalerie et deux par bataillon de chasseurs à pied, à répartir par le chef de corps entre les officiers inférieurs de l'État-Major.

(6) Deux par compagnie d'infanterie et par escadron de cavalerie.

Les régiments d'infanterie, les bataillons de chasseurs à pied et les régiments de cavalerie ont seuls droit à des équipages de campagne.

Les officiers supérieurs n'ont pas droit à des mulets, bâts et cantines au compte de l'État; ils doivent se les procurer à leurs frais.

leurs suppléants légaux, jusqu'à la résidence de sous-intendant la plus rapprochée sur la route à parcourir; ils sont ensuite renouvelés, de résidence en résidence, jusqu'à destination.

Outre les allocations indiquées à l'article du *Dict.*, il est alloué une voiture à un collier à tout dépôt de corps voyageant avec un effectif d'au moins 12 officiers (I. m. 3 mai 63).

CORPS EN CAMPAGNE. — Voir le TABLEAU ci-contre.

Blanchissage des chambres.

(Modif. aux deux derniers §§, col. 1, p. 65, *Dict.*)

Les dispositions de l'article 133 du règlement du 30 juin 1856 sur le casernement sont modifiées en ce sens que les chambres occupées par la troupe doivent être blanchies à deux couches une fois par an, au lieu de ne l'être qu'une fois tous les trois ans.

Afin que cette opération atteigne le but qu'on se propose, elle doit être entreprise généralement vers le mois de mai, époque de l'éclosion des œufs que les insectes de toute nature ont pu déposer dans les joints et fissures des murs, ou même sous les écailles des couches anciennes de blanchissage ; on doit apporter un soin extrême à faire gratter parfaitement les couches de blanchissage antérieures qu'il s'agit de renouveler, alors surtout que ces couches anciennes sont altérées; à faire brosser les murs et à les faire rejointoyer au besoin, car c'est presque toujours par défaut de ces soins que se perpétuent les familles d'insectes et les influences miasmatiques.

Ces opérations de grattage, de brossage ou de lavage préalables, qu'on ne doit pas avoir à effectuer chaque fois sur toute l'étendue des surfaces à blanchir, peuvent être, comme l'opération du blanchissage, confiées à la troupe, en lui allouant, par mètre carré et pour main-d'œuvre, 1/8 de centime qui viendrait s'ajouter à l'allocation propre au blanchissage même (C. m. 28 mai 64).

Blanchissage du linge.

(Modif. au 1er § du même art. p. 65 et au §§ 6, 7, 8, 1re col. et 1, 2, 3, 2e col. p. 68, *Dict.*)

Les masses de blanchissage sont supprimées ; le blanchissage du linge de la troupe, au lieu d'être imputé à la masse individuelle, doit être payé par les fonds de l'ordinaire, conformément aux dispositions de l'ordonnance sur le service intérieur (D. m. 30 mai 65).

Blanchisseuses vivandières.

(Modif. au même art. p. 71, *Dict.*)

Le nombre des vivandières par corps, autorisées à tenir cantine, et celui des tables à répartir entr'elles, est déterminé comme suit, savoir :

INFANTERIE.—Garde impériale et ligne, une par bataillon, tenant 1 table pour les sergents-majors et 2 pour les sergents et fourriers. Lorsque plusieurs bataillons sont réunis, il est ajouté une table pour les adjudants.

Le régiment de zouaves de la garde a une cantinière en plus pour le dépôt qui reste à Versailles.

Les bataillons de chasseurs à pied et d'infanterie légère d'Afrique, ont deux cantinières, qui tiennent 1 table pour l'adjudant et les sergents-majors et 3 tables pour les sergents et fourriers ; il n'en est pas affecté spécialement au dépôt, où il doit être tenu cependant 1 table de sous-officiers lorsqu'il est séparé; dans ce cas, il est possible d'y laisser une des deux cantinières.

Le dépôt d'un régiment a une cantinière qui tient 1 table pour l'adjudant et les sergents-majors et 2 pour les sergents et fourriers.

Toute fraction de bataillon au dessus de deux compagnies peut avoir une cantinière supplémentaire.

Cavalerie. — Les régiments à 6 escadrons ont quatre cantinières (1 pour 2 escadrons et 1 pour le peloton-hors-rang) qui tiennent 1 table pour les adjudants, 1 pour les maréchaux-des-logis chef, 3 pour les maréchaux-des-logis et fourriers et 1 pour le peloton hors rang.

Artillerie. — Garde impériale et ligne, quatre par régiment dont une pour le peloton hors rang. Escadron du train, deux par escadron ; batterie ou compagnie détachée, une supplémentaire.

Génie. — Portion centrale d'un régiment, sapeurs conducteurs compris (10 à 14 compagnies), quatre cantinières dont une pour le peloton hors-rang (D. m. 17 mai 65).

C

Caisses des corps de troupe.

(Add. au même art., p. 80, *Dict.*)

L'ordonnance du 10 mai 1844 sur l'administration des corps de troupe, dispose (article 255) que : « les « fonds, les registres et les pièces à l'appui, sont « représentés aux officiers de l'intendance militaire « toutes les fois qu'ils le requièrent pour leurs véri- « fications. »

Cet article doit s'entendre, non seulement des vérifications à faire, en conseil, de l'avoir des corps, mais encore de la constatation des fonds existants dans la caisse du trésorier ou de l'officier payeur.

Cette dernière opération doit être inopinée et avoir lieu sans avis préalable; le fonctionnaire du contrôle constate les fonds existants dans la caisse et arrête le journal. En cas d'irrégularité ou de déficit, il se rend immédiatement chez le chef du corps, où le conseil est convoqué (N. m. 28 avr. 63).

Casernement.

(Add. après le 4e §, col. 1, p. 101, *Dict.*)

Les pelles, pioches et brouettes nécessaires aux corps de troupe, pour l'entretien de la propreté dans les cours et à l'extérieur des quartiers qu'ils occupent, doivent être fournis par le service du génie.

Cavaliers de remonte.

(Modif. au même art., p. 103, *Dict.*)

Les compagnies de cavaliers de remonte sont réduites à neuf, six pour l'intérieur et trois pour l'Algérie.

Avancement. — L'avancement des lieutenants, sous-lieutenants et sous-officiers pour le grade de sous-lieutenant, a lieu sur l'ensemble des neuf compagnies.

Les lieutenants passent à la 1re classe à l'ancienneté sur les neuf compagnies.

Les emplois de maréchal-des-logis et de brigadiers ne sont donnés que dans la proportion d'un cinquième aux sous-officiers et brigadiers des corps de cavalerie (D. i. 30 mai 63).

Commandement. — Le commandement et l'administration des compagnies sont attribués aux commandants des établissements où se trouve la portion centrale de chaque compagnie.

Le commandement supérieur appartient au commandant de la circonscription de remonte, qui seul établit les propositions pour l'avancement et fait la répartition des cavaliers de remonte entre les établissements sous ses ordres, suivant les besoins du service (N. m. 12 juin 63).

Chauffage et éclairage.

(Modif. aux §§ 24 et 25, 1re col. p. 109, *Dict.*)

Chauffage des corps de garde. — Pour concilier certaines dispositions du décret du 13 octobre 1863 sur le service des places, avec celles de l'instruction du 30 juin 1840 sur le chauffage, le Ministre a décidé que :

1° La quatrième classe de corps de garde serait maintenue, sous le rapport des allocations de chauffage et d'éclairage, pour les postes occupés par un ou deux hommes, comme pour les chambres d'officiers.

2° Les postes de police des quartiers étant compris dans le service général des places, ce serait leur effectif seul qui déterminerait, pour le chauffage comme pour le service, la classe dans laquelle ils doivent être rangés; la disposition de l'instruction du 30 juin 1840 qui les a placés uniformément dans la troisième classe est donc rapportée (D. m. 30 janv. 64).

(Modif. au dernier §, 1re col., p. 109, *Dict.*)

Eclairage des corps de garde. — L'article 124 du règlement du 13 octobre 1863 sur le service des places, prescrivant que les postes d'où partent les rondes seront munis de deux falots, l'allocation supplémentaire de 6 décagr. d'huile, spécifiée à l'instruction du 30 juin 1840 et supprimée par la décision du 12 novem bre 1858, est rétablie ; cette allocation a lieu pendant toute l'année excepté pendant les mois de mai, juin, juillet ; elle ne doit être attribuée qu'aux seuls postes désignés aux états-généraux, aux états de marrons et aux revues de corps de garde, comme fournissant des rondes de nuit (D. m. 1er avril 64).

Compagnies de discipline.

(Modif. au dernier §, col. 1, p. 117, *Dict.*)

Le recrutement des compagnies disciplinaires des colonies est modifié de la manière suivante ; ces compagnies reçoivent :

1° Les hommes condamnés postérieurement à leur incorporation, à une peine correctionnelle *de plus de six mois*, pour délits communs, c'est-à-dire prévus et punis par le code pénal ordinaire ;

2° Les militaires qui, depuis leur arrivée sous les drapeaux, se sont attiré *plus d'une condamnation* correctionnelle, n'importe de quelle durée et pour quel fait ;

3° Les militaires condamnés à une peine correctionnelle *de plus de six mois*, sans distinction de délit, qui ont fait preuve d'instincts pervers et se sont montrés incorrigibles durant leur détention ou depuis leur arrivée aux bataillons d'infanterie légère d'Afrique ;

4° Les soldats de la 1re compagnie de pionniers de discipline, à l'égard desquels les moyens ordinaires de punition ont été reconnus impuissants (D. m. 31 oct. 64).

Congés temporaires et prolongations de congés.

(Modif. au 2e §, col. 1 p. 126, *Dict.*)

L'article 76 de l'ordonnance du 25 décembre 1830 disposait que les congés accordés pour aller à l'étranger ne donnaient droit à aucune solde ; cette disposition est abrogée par la décision impériale du 2 ma 1863. La même décision dispose que les officiers non-semestriers peuvent recevoir leur solde en congé comme les officiers semestriers, c'est-à-dire sans avoir besoin d'obtenir une décision spéciale du ministre.

(Modif., en ce qui concerne les congés de semestres seulement, au 4e §, col. 1, p. 125, *Dict.*)

Lorsque la saison des semestres dépasse la limite de six mois, les officiers, sous-officiers et soldats ont droit à la solde de congé pour toute la durée du semestre (D. i. 21 nov. 63).

Convois militaires.

(V. BAGAGES A LA SUITE DES CORPS).

D

Décès au corps à l'intérieur.

(Doit trouver place après l'article DÉCÈS AUX ARMÉES, p. 150, *Dict.*)

Lorsqu'un militaire meurt à la caserne ou en ville, le commandant de la compagnie à laquelle il appartient en fait faire la déclaration à l'officier de l'État-civil, qui dresse l'acte de décès, sur la déclaration de deux témoins (dont un officier ou sous-officier au moins, s'il est possible) ; l'inhumation n'a lieu que sur l'autorisation, sur papier libre et sans frais, de l'officier de l'État-civil, qui la délivre après s'être assuré du décès, en se transportant auprès du militaire décédé ; cette inhumation ne peut se faire que vingt-quatre heures après le décès, hors les cas prévus par les règlements de police (C. C.— I. m. 8 mars 23). Le corps ne pouvant être conservé au quartier, est porté à l'hôpital du lieu, qui le reçoit à titre de dépôt. Les frais d'inhumation sont supportés par les fonds éventuels mis à la disposition du chef de corps.

(V. FONDS ÉVENTUELS.)

Lorsqu'il y a des signes ou indices de mort violente ou d'autres circonstances qui doivent donner lieu de le soupçonner, on ne peut faire l'inhumation qu'après qu'un officier de police, assisté d'un docteur en médecine ou en chirurgie a dressé procès-verbal de l'état du cadavre et des circonstances y relatives. Un double de ce procès-verbal est remis au corps dont faisait partie le militaire décédé (C. C.).

Outre la mention de ces décès sur les états de mutations, il est adressé au général commandant la division, un dossier composé ainsi qu'il suit :

1° Le rapport du commandant de la compagnie ;

2° L'acte de décès ;

3° Le procès-verbal de l'officier de police qui a assisté à la levée du corps ;

4° Le rapport médico-légal du médecin qui a assisté à la levée du corps.

5° Un état d'hommes tués, blessés et disparus (V. le mod. n° 1, p. 387, *Dict.*).

Dotation de l'armée.

(Add. après le § 9, 2e col , p. 170, *Dict.*)

La première portion de la prime ou des annuités de rengagement, attribuées aux sous-officiers, sous-chefs de musique et musiciens de 1re et 2e classes, doit être employée à l'achat d'un titre nominatif de rentes (A. m. 28 fév. 63.—D. m. 19 oct. 63).

(Add. après le dernier § du même Art., p. 171, *Dict.*)

La dotation de l'armée est l'objet, dans les corps, d'une comptabilité spéciale, réglée par les instructions ministérielles du 4 décembre 1863. Ces règles sont énumérées ci-après :

Registre spécial des militaires liés au service en conformité des lois des 26 avril 1855 et 24 juillet 1860. — Un registre spécial (imprimé), destiné à recevoir l'inscription détaillée des renseignements relatifs aux militaires de cette catégorie, est tenu, dans chaque corps, par le trésorier.

Il fait connaître, d'un côté, les droits des hommes en raison de la nature, de la date et de la durée des actes qu'ils ont souscrits, et, de l'autre, les paiements qui leur ont été faits à titre de primes ou d'annuités.

Un registre semblable, composé de feuillets mobiles, est tenu, dans chaque unité administrative, par le capitaine. Ces feuillets sont destinés à suivre les militaires dans toutes leurs mutations (D. m. 20 janv. 65), afin qu'il soit en concordance avec le registre général du corps. Les mutations qui surviennent au point de vue de la dotation de l'armée sont immédiatement notifiées par les capitaines au conseil d'administration, pour être inscrites sur le registre tenu par le trésorier.

Lorsqu'un militaire passe, dans le même corps, d'une unité administrative dans une autre, il est suivi d'un extrait, certifié par le capitaine, des indications contenues dans le registre spécial.

En cas de changement de corps le même extrait est transmis au nouveau corps, par l'intermédiaire de l'intendance militaire.

Feuilles de journées spéciales de la dotation de l'armée.—Elles servent à la vérification des paiements faits sur les fonds de la dotation.

Elles sont dressées en double expédition (sur formules imprimées), par unité administrative et par trimestre, certifiées par les capitaines, et vérifiées par le trésorier, qui certifie qu'elles sont conformes au registre spécial tenu par lui.

Elles présentent : les mutations ; le détail des journées donnant droit aux hautes paies, et le décompte en deniers des sommes payées à ce titre ; le nombre des militaires admis à recevoir des allocations à titre de prime, d'annuités ou d'arrérages de rentes, et le montant de ces allocations.

Leurs résultats sont reportés sur un relevé général, indiquant, pour tout le corps, les allocations payées, pendant le trimestre, au compte de la dotation. Ce relevé indique également les remboursements effectués par la caisse des dépôts et consignations, du 10 du premier mois du trimestre au 10 du premier mois du trimestre suivant. A cet effet, les conseils d'administration doivent faire compléter, dans les dix premiers jours de chaque trimestre au plus tard, le remboursement intégral des avances faites par eux pendant le trimestre précédent. Quant aux avances opérées du 1er au 10 du premier mois du trimestre, ils ne doivent s'en faire rembourser qu'à partir du 11 du dit mois.

Le relevé général est dressé en double expédition par le trésorier, et vérifié par le major.

Les feuilles de journées sont envoyées au sous-intendant militaire, dans les quinze premiers jours qui suivent l'expiration du trimestre ; elles sont accompagnées : de deux expéditions du relevé général ; de l'état des mutations et des mouvements survenus pendant le trimestre ; de l'état nominatif des militaires admis pendant le trimestre à la haute paie de 10 centimes et à celle de 20 centimes, ou passés de la première à la deuxième ; d'un duplicata des feuilles individuelles destinées à constater le paiement des portions de primes ou d'annuités allouées pendant le trimestre ; d'un duplicata de l'état nominatif fourni par le corps à la caisse des dépôts et consignations, pour obtenir le remboursement des arrérages trimestriels payés aux sous-officiers possesseurs d'un titre nominatif de rente ; des duplicata des bordereaux récapitulatifs des avances faites par les corps pendant le trimestre ; d'un extrait du livret de solde, faisant connaître les sommes remboursées au corps par la caisse des dépôts et consignations.

Après avoir opéré sa vérification, le sous-intendant arrête le relevé général et signale, dans l'état placé au dos de ce relevé, les erreurs commises.

Il adresse une expédition à l'intendant militaire, dans les cinq premiers jours du deuxième mois qui suit le trimestre, en y joignant les feuilles de journées et pièces justificatives.

L'intendant procède à la vérification de ces documents.

Les paiements qui ne lui paraissent pas justifiés sont l'objet de feuilles de renseignements, qui sont communiquées par l'intermédiaire des sous-intendants aux conseils d'administration, pour avoir leurs observations.

Si, d'après les renseignements fournis, l'intendant juge qu'il y a lieu à rectification, il procède de la manière indiquée ci-après, suivant que les allocations à rectifier ont été faites à titre de haute-paie, à titre de prime ou d'annuités.

Les rectifications des erreurs commises dans le paiement des hautes-paies, s'opèrent au moyen d'une feuille de rectification dressée par l'intendant militaire indiquant d'une part les sommes à payer au militaire, et de l'autre les sommes payées en trop qui doivent être reversées à la caisse de la dotation.

Cette feuille est adressée au conseil d'administration du corps par l'intermédiaire du sous-intendant qui prend note des rectifications prescrites et veille à leur exécution immédiate ; il adresse au ministre les récépissés de versements avec un extrait de la feuille de rectification en vertu de laquelle ils ont été effectués.

Les erreurs relatives au paiement des primes et annuités sont signalées dans des feuilles de vérification *individuelles* sur lesquelles le ministre statue ; on y joint le relevé des services du militaire que la feuille concerne.

L'intendant adresse au ministre, dans le troisième mois qui suit chaque trimestre: le relevé général, une expédition des feuilles de journée avec les pièces à l'appui, les feuilles de vérification individuelles indiquant les rectifications qu'il propose, un duplicata de la feuille de rectification adressée au corps.

Inscription sur le livret individuel des militaires. — Les sommes payées aux militaires sont inscrites chaque trimestre, dans une section distincte, sur leur livret. Cette inscription comprend toutes les allocations, soit à titre de primes ou d'annuités, soit à titre de haute-paie.

Registre journal de la dotation — Prescrit par l'article 30 du décret du 9 janvier 1856, ce registre est destiné à recevoir l'inscription, par ordre de date, des recettes et des dépenses effectuées dans les corps pour le compte de la dotation.

Les paiements à titre de primes ou d'annuités y sont inscrits nominativement.

Les paiements à titre de haute-paie y sont inscrits au fur et à mesure des paiements et dans la même forme que le paiement du prêt sur le registre journal du corps.

Remboursement aux corps des sommes dont ils ont fait l'avance.— Ce remboursement a lieu sur l'avis préalable donné au proposé de la caisse des dépôts et consignations, par le sous-intendant militaire ; le préposé l'inscrit sur le livret de solde du corps, qui en fait inscription sans délai sur le registre journal de la dotation

Mode de remboursement aux corps des frais de bureau occasionnés par le service de la dotation de l'armée (D. m. 29 déc. 63). — Ces frais sont couverts par une allocation proportionnelle au nombre des militaires rengagés et engagés volontaires après libération, dans les conditions des lois des 26 avril 1855 et 24 juillet 1860. Il n'est pas tenu compte, dans cette allocation, des remplaçants administratifs, parce qu'ils n'occasionnent pas aux corps de dépenses sérieuses.

Cette allocation est établie ainsi qu'il suit :

De 1 à 20 rengagés et engagés volontaires après libération, 25 f.; de 21 à 50, 50 f.; de 51 à 100, 70 f ; de 101 à 150, 85 f. ; de 151 à 200, 100 f. ; de 201 à 300, 125 f.; de 301 à 400, 145 f. ; au dessus de 400, l'augmentation est de 20 f. pour chaque centaine ou fractions de centaine en plus.

L'allocation annuelle est fixée d'après l'effectif moyen de l'armée. Les conseils d'administration établissent, à la fin de chaque année, un état conforme au modèle ci-après, sur la production duquel la somme due est remboursée par le préposé de la caisse des dépôts et consignations. Le montant de ce remboursement est versé à la masse générale d'entretien, chargée de faire l'avance des frais dont il s'agit (D. m. 29 dec 63).

DÉPENSE IMPUTABLE
à la dotation
DE L'ARMÉE

FRAIS DE BUREAU
et d'impression

[Dotation de l'armée.]

DÉSIGNATION DU CORPS

Dépenses à rembourser pour frais du bureau et d'impression pendant l'année 186 .

Nombre de militaires liés au service, comme rengagés ou engagés volontaires après libération en vertu des lois du 26 avril 1855 et du 24 juillet 1860 (1)		TOTAL	Effectif moyen (12e de l'effectif total)	Dépense à rembourser	OBSERVATIONS
Au 1er janvier..........	.....				(1) Les chiffres portés dans cette colonne doivent toujours être en parfaite concordance avec ceux des situations mensuelles de l'effectif adressées au Ministre. Un double du présent est envoyé au Ministre (bureau de la dotation) aussitôt après que le remboursement a été effectué.
Au 1er février...........	.....				
Au 1er mars.............	.....				
Au 1er avril.............	.....				
Au 1er mai..............	.....				
Au 1er juin..............	.....				
Au 1er juillet	.....				
Au 1er août..............	.....				
Au 1er septembre........	.....				
Au 1er octobre...........	.....				
Au 1er novembre........	.....				
Au 1er décembre.........	.....				

Vu et vérifié:
Le sous-intendant militaire
chargé de la surveillance administrative
du corps.

Certifié par nous, membres du Conseil d'administration du dit corps le présent état montant à la somme de.....

A le 186

Reçu du préposé de la caisse des dépôts et consignations la somme de pour la cause énoncée ci-dessus.

A le 186

Les membres du Conseil d'administration,

E

Eaux thermales (Envoi des militaires aux).

(Modif. aux §§ 4 et 5, col. 2, p. 178. *Dict.*)

L'admission des malades dans les hôpitaux thermaux, est fixée aux dates ci-dessous :

INDICATION des établissements	des divisions qui envoient des militaires aux eaux	DURÉE DE CHAQUE SAISON — 1re saison	2e saison	3e saison	4e saison	CLOTURE THERMALE
Amélie-les-Bains (1)	toutes	1er mai au 14 juin	15 juin au 31 juillet	1er août au 14 sep.	15 sep. au 31 oct.	31 octobre
Barèges	id.	1er juin au 9 juillet	10 juillet au 19 août	20 août au 30 sep.	»	30 septembre
Bourbonne	id.	15 mai au 24 juin	25 juin au 4 août	5 août au 15 sep.	»	15 septembre
Bourbon l'Archambault	id.	id.	id.	id.	»	id.
Guagno	17e Div. et l'Algérie	1er juin au 9 juillet	10 juillet au 19 août	20 août au 30 sep.	»	30 septembre
Plombières	toutes	15 mai au 14 juin	15 juin au 14 juillet	15 juillet au 14 août	15 août au 15 sep.	15 septembre
Vichy	toutes	1er mai au 7 juin	8 juin au 15 juillet	16 juillet au 22 août	23 août au 30 sep.	30 septembre

(1) Il y a spécialement, en outre, à l'hôpital d'Amélie-les-Bains, deux saisons d'hiver : la première ouvrant le 1er décembre et fermant le 31 janvier ; la deuxième ouvrant le 1er février et fermant le 31 mars. Pendant les mois d'avril et de novembre, l'établissement reste fermé, sauf les cas très-exceptionnels où le médecin-chef reconnaît la nécessité de conserver les malades dont le traitement aurait besoin d'être prolongé.

Cette nouvelle répartition des saisons des établissements thermaux ne portent point atteinte au surplus du contenu des instructions précédentes, qui continuent à être suivies ; toutefois, les époques de transmission par les intendants divisionnaires des états généraux numériques (modèle C) demeurent fixées : au 1er avril, pour les 1re et 2e saisons ; au 1er juin, pour les 3e et 4e saisons de tous les établissements. Afin d'introduire l'uniformité dans ces documents, ils sont ramenés aux dimensions suivantes : modèle C, hauteur, 0 m 38 c., largeur développée, 0 m 50 c. ; modèle B, hauteur, 0 m 38 c., largeur développée, 0 m 25 c. En ce qui concerne les saisons d'hiver d'Amélie-les-Bains, les époques de transmission, par les intendants divisionnaires à l'intendant de la 11e division, des états généraux numériques, sont reportées à la date du 1er novembre pour la première saison et à celle du 1er janvier pour la seconde saison. Il est recommandé aux médecins d'échelonner leurs propositions de manière à répartir leurs malades entre toutes les saisons.

Quant aux eaux thermales de l'Algérie dont l'usage est exclusivement consacré aux militaires et aux autres personnes résidant en Afrique et dans la division où se trouve situé l'établissement, la répartition est arrêtée de la manière suivante :

Division d'Alger, Hammam Rirah et Hammam Melouan ; Division d'Oran, Bains de la reine ; Division de Constantine, Hammam-mes-Koutine ; 1re saison, 15 avril au 24 mai ; 2e saison, 25 mai au 30 juin ; 3e saison 15 septembre au 31 octobre ; cloture thermale, 31 octobre.

Les dispositions relatives aux propositions pour les eaux thermales de l'intérieur sont applicables à l'Algérie ; l'intendant militaire de chaque division d'Alger, d'Oran et de Constantine fait directement la répartition des places pour les saisons des établissements situés dans sa division, sans autorisation ministérielle préalable ; seulement, chacun de ces fonctionnaires adresse directement au ministre l'état récapitulatif, par saison, des militaires de tous grades admis au traitement thermal (l. m. 20 fév. 64.).

Engagements volontaires. — Engagements volontaires après libération.

(Modif. du § 2 col. 1, p. 198, *Dict.*)

Les engagements volontaires sont contractés pour le corps désigné par l'engagé et, par suite, les engagés volontaires ne peuvent plus être changés de corps sans leur consentement. Il est fait usage d'une nouvelle formule (imprimée) d'acte d'engagement renfermant cette clause. Sont abrogés les art. 5, 13 et 14 de l'ord. 28 avr. 32 et les dispositions de l'ord. du 15 janv. 37, en ce qui concerne les engagements (Déc. i. 6 janv. 65).

Ces dispositions ne sont plus applicables aux engagés volontaires après libération (D. m. 13 avr. 65).

(Modif. au § 3, col. 1, p. 198, *Dict.*)

Les certificats d'aptitude au service militaire que sont tenus de produire les jeunes gens qui demandent à s'engager, et qui, aux termes de la circulaire ministérielle du 28 juin 1862, doivent être signés par les commandants des dépôts de recrutement, peuvent, en Algérie, être délivrés par les sous-intendants militaires (D. m. 20 avr. 64).

(Modif. au § 1, col. 2, p. 199, *Dict.*)

Est prélevé sur la première portion de la prime ou des annuités attribuées aux engagés volontaires après libération, le montant de la première mise de petit équipement, suivant l'arme à laquelle les hommes sont affectés. Lorsque la portion susceptible d'être payée comptant en vertu de l'engagement, est inférieure à la première mise de petit équipement, la différence est imputée sur les fonds du service de la solde (A. m. 28 fév. 63).

Etablissements pénitentiaires.

(Modif. du même art., § 6, col. 1, p. 201, *Dict.*)

Sous-Officiers des corps détachés dans le service de la justice militaire. — Les sous-officiers des corps, detachés dans le service de la justice militaire, doivent, dans un délai de six mois à dater du jour de leur démission dans ce service, renoncer à leur qualité de sergents détachés de leur corps, pour n'y plus compter que comme simples soldats, à moins qu'ils ne préfèrent y rentrer avant l'expiration de ce délai ; cette renonciation est établie selon la formule ci-après ; elle n'implique en rien la perte des avantages attachés au grade et à l'emploi dont le sous-officier est titulaire dans le service de la justice militaire.

FORMULE

Je soussigné (nom et prénoms), sergent au (indiquer le corps), actuellement détaché dans le service de la justice militaire en qualité de
à (indiquer l'établissement), désirant continuer ma carrière dans ce service, déclare renoncer audit grade de sergent à mon corps, pour ne plus y compter désormais que comme simple soldat.

A le 18

(Signature)

Vu : le général commandant la division militaire.

Par suite de cette renonciation, ces sous-officiers ne peuvent plus contracter de rengagement qu'à titre de simple soldat. Les chefs des corps d'ou ils sont détachés n'ont plus à intervenir dans les questions relatives aux permissions de mariage de ces militaires, qui sont accordées lorsqu'il y a lieu, par le ministre, par l'intermédiaire des chefs immédiats sous les ordres desquels se trouve placé l'établissement ou le parquet auquel ils appartiennent.

(Modif. au § 8, col. 1, p. 202, *Dict.*)

Fonds particuliers des détenus. — Lorsque les corps dans lesquels passent les détenus libérés sont stationnés hors de France ou d'Algérie, les fonds particuliers de ces détenus sont versés à la caisse d'épargne par les soins des conseils d'administration des établissements pénitentiaires et par les agents principaux des prisons militaires, parce qu'il pourrait arriver que ces corps n'aient pas la possibilité d'exécuter cette prescription. Les conseils d'administration des corps désignés pour faire campagne dans toute autre localité que l'Algérie, peuvent autoriser, au moment du départ, un prélèvement sur les fonds en dépôt lorsqu'il s'agit de satisfaire à des besoins justifiés, sans toutefois que les retraits dépassent jamais le quart du montant des dépôts (D. m. 7-28 oct. 64).

(V. aussi : PRISONS MILITAIRES, ci-après.)

Etat de filiation.

(V. TROUPES EMBARQUÉES, *Dict.* et *Supplément.*)

Etat-major des places.

(Modif. au même art., p. 205, *Dict.*)

Afin de mettre le personnel de l'état-major des places en harmonie avec le règlement du 13 octobre 1863 sur le service des places, la composition de l'état-major des places est déterminée ainsi qu'il suit : 30 colonels, 15 lieutenants-colonels, 60 chefs de bataillon ou d'escadron, 210 capitaines, 33 lieutenants, 12 sous-lieutenants, 5 aumôniers, 350 portiers-consignes (dont 158 de 1re classe, 104 de 2e classe, 88 de 3e classe), 2 bateliers aides-portiers. Les places de 1re classe sont commandées par des colonels ; celles de 2e classe par des lieutenants-colonels ; celles de 3e classe par des chefs de bataillon ou d'escadron ; et celles de 4e classe par des capitaines. Les emplois de major de place sont conférés à des chefs de bataillon ou d'escadron, à l'exception de celui de l'Hôtel des invalides qui est exercé par un colonel. Les fonctions d'adjudant de place de 1re classe sont exercées par des capitaines et celles de 2e classe par des lieutenants. Les fonctions de secrétaire-archiviste de 1re classe sont exercées par des capitaines, celles de 2e classe, par des lieutenants, et celles de 3e classe par des sous-lieutenants. Dans les places pourvues d'adjudants de place, les portiers-consignes secondent ces officiers pour tous les détails de leur service. Dans les places où il n'y a pas d'adjudant de place ni de secrétaire-archiviste, les portiers-consignes en remplissent les fonctions. Toutefois, en ce qui touche le service d'adjudant de place, les portiers consignes n'ont autorité et inspection que sur les sous-officiers, caporaux ou brigadiers et soldats (Déc. i. 3 fév. 64).

Exemptions du service militaire.

(Add. à l'art. Appels, p. 27, *Dict.*)

Est dispensé et compté numériquement dans le contingent à former, le frère du militaire qui accomplit un premier rengagement ou un premier engagement volontaire de 7 ans après libération, dans les conditions de la loi du 26 avr. 55. Le rengagé ou l'engagé volontaire après libération qui accomplit un deuxième ou un troisième rengagement de 7 années de service, continue à exempter son frère, conformément aux dispositions de l'art. 13 de la loi du 21 mars 32. Les dispenses conférées en vertu des dispositions qui précèdent sont assimilées, quant à leurs effets, aux exemptions accordées par application de l'art. 13 de la loi du 21 mars 32, en ce qui concerne les déductions prescrites par le onzième paragraphe de cet article (Loi 23 mai 64).

Exonération du service.

(Modif. au même art., § 5, col. 2, p. 210, *Dict.*)

Afin que les corps conservent la trace des exonérations prononcées, les actes d'exonération au lieu d'être établis sur des feuilles volantes, doivent être réunis en un registre côté et paraphé par le sous-intendant militaire, et tenu à la portion centrale du corps par le trésorier. Les militaires en congé ou appartenant aux bataillons actifs ou à des portions détachées et qui seraient obligés de se déplacer pour signer l'acte d'exonération sont admis à se faire représenter par des mandataires régulièrement munis de leur procuration. — Ainsi, dès qu'un militaire, dans cette dernière situation, a reçu l'autorisation de se faire exonérer, il est mis en demeure d'opérer le versement de la prestation individuelle et de constituer un mandataire. Ces formalités accomplies, il est immédiatement renvoyé dans ses foyers. Le récépissé de versement et la procuration sont, sans délai, transmis par le conseil d'administration éventuel au conseil d'administration central, qui dresse l'acte d'exonération et fait parvenir à l'intéressé le certificat d'exonération par l'intermédiaire du sous-intendant militaire chargé de la surveillance administrative du corps, qui le fait parvenir au sous-intendant militaire du département où se retire l'exonéré ; ce dernier fonctionnaire fait remettre le certificat à l'intéressé par le commandant du dépôt de recrutement (I. m. 4 déc. 63, 26 avr. 64).

F

Fonds éventuels.

(Add. au même art., p. 216, *Dict.*)

L'achat de cruches pour les prisons du corps est supporté par les fonds éventuels mis à la disposition du chef de corps (22 juil. 50).

Frais de bureau.

(Modif. au même art., § 7, p. 217, *Dict.*)

Cependant, par exception, les frais de bureau (2 f. par mois) de l'adjudant du dépôt des régiments d'infanterie et l'achat annuel du livre d'ordres pour ce dépôt, sont à la charge de la seconde portion de la masse d'entretien (D. m. 13 mai 59).

Frais de poste.

(p. 217, *Dict.*)

Cette dénomination est remplacée désormais par celle d'*Indemnité extraordinaire de voyage*, par opposition à l'indemnité de route ordinaire (D. m. 31 août 63).

Frais de route.

(Modif. au même art., p. 218, *Dict.*)

Le délai dit *de tolérance* accordé aux officiers *seulement*, est porté à quatre jours, quel que soit la distance pour se rendre à destination. Il s'ajoute aux délais de route pour servir à fixer la date de l'arrivée; il est toujours accordé, à moins de mention contraire exprimée dans l'ordre ou la lettre de service. Il est accordé un jour de délai de tolérance aux sous-officiers et soldats pour tout trajet excédant 360 kil. sur les chemins de fer et 120 kil. sur les routes ordinaires en diligence, mais seulement dans le cas où le voyage ne pourrait s'effectuer sans désemparer sur l'une ou l'autre voie. Ce délai doit toujours être accordé lorsque le militaire, en quittant la voie de fer, devra prendre la diligence, et *vice versâ*. Le délai de tolérance n'autorise en aucune façon les sous-officiers et soldats à retarder leur départ, qui doit toujours avoir lieu à la date fixée par la feuille de route. Les voyages effectués à pied, par étape, ne donnent droit à aucun délai de tolérance : il y est suppléé, en cas de nécessité, par des autorisations de séjour forcé. Les délais de tolérance ne donnent droit à aucune indemnité.

Les délais de route, indépendants des délais de tolérance, sont fixés en raison des distances à franchir. Il n'est accordé aucun délai de route pour les trajets inférieurs à 40 kilomètres sur les chemins de fer, ou à 12 kilomètres sur les routes ordinaires. Les trajets suivants correspondent à une journée de route :

Pour les officiers supérieurs, à 400 kil. sur les chemins de fer, à 120 kil. en diligence; pour les officiers subalternes, à 360 kil. sur les chemins de fer, à 120 kil. en diligence ; les sous-officiers et soldats, à une distance d'étape. Lorsque le trajet doit être effectué en entier sur les chemins de fer ou en diligence, on calcule les délais de route de la manière suivante :

On divise les distances par les nombres 400, 360 ou 120, suivant le cas. Le quotient entier de la division donne les délais de route. S'il y a un reste, il ne donne droit à un jour en sus qu'autant qu'il est égal ou supérieur à 40, s'il s'agit d'un parcours en chemin de fer, ou à 12 pour les parcours en diligence. — Lorsque le trajet comprend un parcours en chemin de fer et un parcours en diligence, les quotients entiers réunis des deux divisions donnent les délais de route. — S'il y a des restes, on les additionne après avoir triplé celui qui est relatif au parcours en diligence: on extrait du total le nombre 400 ou 360 autant de fois qu'il y est contenu, ce qui donne un ou deux jours de délai en sus selon que le dernier reste est inférieur ou supérieur à 40. Pour les trajets inférieurs à 40 kil. et à 12 kil., lorsqu'ils sont premiers parcours, on opère comme il vient d'être dit pour les restes des divisions. Lorsque le trajet doit être effectué partie sur les chemins de fer et partie par étapes à pied, on opère comme il a été dit ci-dessus pour les trajets effectués en entier sur les chemins de fer, et on ajoute autant de jours qu'il y a d'étapes à franchir à pied. Les officiers voyageant isolément sont transportés par les chemins de fer et par les diligences sur les routes ordinaires, du point de départ jusqu'à destination. Les sous-officiers, caporaux et soldats sont transportés par les chemins de fer: en dehors des voies ferrées ils voyagent à pied par étapes. Il n'est fait exception à cette règle que pour les militaires voyageant d'urgence, d'après l'ordre d'un officier général ou d'un intendant militaire, dans ce cas ils sont transportés en diligence sur les routes ordinaires. Les militaires ayant droit aux convois voyagent suivent les règles indiquées à l'article Convois.

L'indemnité pour frais de route se subdivise en *indemnité de transport* et *indemnité journalière*. L'indemnité de transport est allouée : 1° aux officiers, à raison du nombre de kil. parcourus ou à parcourir, tant sur les chemins de fer que sur les routes ordinaires ; 2° aux sous-officiers et soldats, comme aux officiers, mais sur les chemins de fer seulement, sauf le cas d'exception spécifié ci-dessus. L'indemnité journalière est allouée pour chaque journée passée en route, quel que soit le mode de locomotion employé. Une journée passée en route correspond aux trajets indiqués précédemment. Les indemnités de transport et journalière sont allouées cumulativement, sauf dans les cas ci-après : la première est allouée seule, pour tout premier trajet ou fin de parcours, moindre de 40 kil. sur les chemin de fer, ou 12 kil. en diligence sur les routes ordinaires; la seconde est allouée seule . 1° toutes les fois que le transport est assuré, soit au moyen de réquisitions sur les chemins de fer, soit au moyen de mandats de convois sur les routes ordinaires ; 2° pour tout trajet comprenant moins de deux étapes, le voyage étant, dans ce cas, toujours supposé fait à pied, même lorsqu'il pourrait être effectué en chemins de fer, cette diposition ne s'applique qu'aux sous-officiers et soldats ; 3° pour chaque étape ou distance équivalente, franchie à pied ; 4° pour chaque journée de séjour obligé dans une localité. — Il n'est fait allocation d'aucune indemnité pour une distance franchie à pied, et moindre de 12 kil. — Tout militaire qui déclare n'avoir plus l'argent nécessaire pour continuer sa route est livré à l'autorité militaire, qui le fait conduire à pied, de brigade en brigade, sous l'escorte de la gendarmerie, à son lieu de destination, ou le renvoie à son corps par mesure disciplinaire, si elle le juge convenable. Le militaire qui, après avoir reçu des indemnités de voyage, entre sur sa route dans un hôpital ou un hospice civil, est tenu de déposer entre les mains du comptable de l'établissement les sommes non encore employées; elles lui sont rendues à sa sortie. S'il entre a l'hôpital après avoir dissipé ses indemnités, il est puni à sa sortie. Toutefois, s'il y a présomption qu'il n'ait dépensé ses indemnités que par suite de l'état de maladie qui l'a contraint d'entrer à l'hôpital, il est rendu compte au sous-intendant militaire, qui lui fait une avance imputable sur sa masse, pour le mettre à même de rejoindre sa destination.

Les distances qui servent de base au décompte des indemnités résultent des itinéraires, qui s'établissent à l'aide des documents suivant : le Livret spécial de juin 1861, le Livret Chaix et la Carte des étapes. Les sous-officiers et soldats dont le voyage s'effectue en partie sur les routes ordinaires quittent les voies ferrées en des gîtes d'étape ou, à défaut, aux stations les plus rapprochées de leur destination.

TARIF DES INDEMNITÉS DE TRANSPORT ET JOURNALIÈRE

DÉSIGNATION des GRADES	INDEMNITÉ KILOMÉTRIQUE de transport — En chemin de fer — Quart de place	Demi-place	En diligence	INDEMNITÉ journalière	OBSERVATIONS
	fr. c.	fr. c.	fr. c.	fr. c.	
Officiers supér...	0, 04	0, 07	0, 16	5, 00	L. m. 31 août 63
Officiers subalt...	0, 035	0, 034	0, 14	3, 00	
Adjud sous-offic.	0, 035	0, 054	0, 14	2, 00	
Sergent-major...	0, 016	0, 03	0, 125	1, 50	
Sergent..........				1, 50	
Caporal..........				1, 25	
Soldat...........				1, 25	

Les sous-intendants militaires et leurs suppléants, à l'exception des maires, ordonnancent les indemnités de transport et journalière, par anticipation, au point de départ jusqu'à destination. Si le lieu de destination n'est ni une station de chemin de fer, ni un gîte d'étape, ni une localité desservie par les voitures publiques, l'ordonnancement est fait jusqu'au chef-lieu de canton auquel appartient le lieu de destination, la distance en plus ou en moins ne donnant lieu à aucun rappel ni à aucune retenue. Dans les places et les camps de manœuvres, où il se fait de grands mouvements et aux époques où ils ont lieu, les intendants militaires peuvent autoriser exceptionnellement les fonctionnaires de l'intendance à n'ordonnancer les indemnités que jusqu'à la résidence du sous-intendant militaire la plus voisine du lieu de destination sur la route à parcourir.

Le retard dans l'arrivée à destination ne peut, en aucun cas, entraîner la suppression des allocations de voyage (I. m. 31 août 63).

G

Gamelles individuelles.

(Add. au même art., p. 221, *Dict.*)

Le prix d'étamage de la gamelle individuelle est fixé à 0 fr. 20 cent. pour les maîtres armuriers, à 0 f. 22 c.5 pour l'industrie civile (D. m. 6 nov. 65).

Gendarmerie.

(Add. au même art., p. 223. *Dict.*)

PROGRAMME D'EXAMEN

A SUBIR PAR LES ADJUDANTS SOUS-OFFICIERS, SERGENTS-MAJORS ET MARÉCHAUX-DES-LOGIS-CHEFS DE L'ARMÉE, PROPOSÉS POUR ENTRER DANS LA GENDARMERIE, EN QUALITÉ DE MARÉCHAUX-DES-LOGIS ET DE BRIGADIERS.

(D. m. 6 fév. 63.)

Examen oral

Décret du 1er mars 1854 : TITRE PRÉLIMINAIRE.— Section 1. Spécialité du service de l'arme. — Section 2. Du serment imposé aux militaires de la gendarmerie. — TITRE 1. — Chapitre 1. — Section 1. Organisation de la gendarmerie. — Section 4. Des congés, démissions et renvois. — Chapitre 2. — Section 1. Avancement des sous-officiers, brigadiers et gendarmes.— Section 5. Récompenses civiles et militaires. — TITRE 2. — Chapitre 2. — Section 1. Dispositions préliminaires.— TITRE 3.— Chapitre 2. — Fonctions des sous-officiers de tous grades.— *Dispositions préliminaires* : TITRE 4. — Chapitre 1. — Service ordinaire des brigades. — Chapitre 2. — Des correspondances et des transfèrements de prisonniers. — Chapitre 3. — Service extraordinaire des brigades. — TITRE 5. — Chapitre 1. — Section 3. Fautes contre la discipline et droit de punir. — Section 5. Punitions des sous-officiers, brigadiers et gendarmes.— Chapitre 2.— Section 2. Conseil de discipline pour les gendarmes. — TITRE 6 — Section 2, Remonte des sous-officiers, brigadiers, et gendarmes.

Règlement d'admininistration : (Déc. 18 fév. 63): Des indemnités de service extraordinaire, articles 131 à 141. — Des indemnités pour pertes de chevaux et d'effets, articles 189 à 191 et 198 à 200. — De l'indemnité de literie, article 210. — De la masse individuelle, articles 236 à 238 et 255 à 257. — De la masse d'entretien et de remonte, articles 258 à 260. — De la masse de secours, articles 265 et 266. — Du logement, article 361.— Paiement de la solde, articles 369 et 672 à 676. — Du livret des sous-officiers, brigadiers et gendarmes, articles 662 à 664 et 666 à 669.

Règlement du 9 avril 1858 sur le service intérieur: — TITRE 1. — Chapitre 8. Adjudants, maréchaux-des-logis-chefs, maréchaux-des-logis, brigadiers et commandants de brigade. — TITRE 2. — Chapitre 8. Marques extérieures de respect.— Chapitre 10. Plantons et gardes d'écurie. — Chapitre 11. Instructions — Chapitre 12. Tenue.— Chapitre 14. Congés et permissions.— Chapitre 15. Punitions, articles 220, 226 à 228.— Chapitre 16. Réclamations.

Histoire : Eléments sommaires d'histoire de France, depuis le règne de Louis XIV jusqu'à nos jours.

Géographie : Division de l'Europe.— Bornes, fleuves et montagnes de la France. — Division de la France par départements et indications des chefs-lieux. — Principales possessions coloniales de la France.

POUR LES SOUS-OFFICIERS PROPOSÉS POUR L'ARME A CHEVAL.

Ordonnance du 6 décembre 1829 sur l'exercice et les manœuvres de la cavalerie : Ecole du cavalier a pied et à cheval et les trois premiers articles des école. de peloton à pied et à cheval.

Hippiatrique : Connaissance des âges du cheval et de ses principales tares, signalement et notions d'hygiène.

POUR LES SOUS-OFFICIERS PROPOSÉS POUR L'ARME A PIED

Ordonnance du 6 décembre 1829 sur l'exercice et les manœuvres de la cavalerie : Ecole du cavalier à pied, les trois premiers articles de l'école de peleton à pied.

Examen écrit

Rapport et procès-verbal fictif sur un sujet donné. Problèmes d'arithmétique sur les quatre premières règles.

PROGRAMME D'EXAMEN

A SUBIR PAR LES CAPITAINES ET LIEUTENANTS DE L'ARMÉE, PROPOSÉS POUR ÊTRE ADMIS DANS LA GENDARMERIE. (D. m. 30 mars 63).

Examen oral

Décret du 1er mars 1854 en entier, avec les modifications qu'il a subies depuis sa promulgation. — Décret du 18 février 1863, portant règlement sur la solde, les revues, l'administration et la comptabilité de la gendarmerie, surtout en ce qui est du ressort des fonctions du commandant d'arrondissement. — Règlement du 9 avril 1858 sur le service intérieur. — Loi du 19 mai 1834 sur l'état des officiers. — Écoles du cavalier, de peloton et d'escadron à pied et à cheval. — Hippiatrique (éléments contenus dans les cours abrégés d'équitation et d'hippologie à l'usage des sous-officiers de l'école de cavalerie).

— Les candidats auront, en outre, à faire preuve de pratique d'équitation. — Connaissance générale des principaux faits de l'histoire contemporaine et de la géographie.

Examen écrit

Rapport et procès-verbal fictifs sur des sujets donnés.

LIMITE D'AGE DES CANDIDATS

Les adjudants sous-officiers de l'armée ne peuvent plus être proposés pour l'emploi de maréchal-des-logis de gendarmerie s'ils ont dépassé l'âge de 35 ans.

Les sergents-majors et maréchaux-des-logis-chefs ne peuvent plus être proposés pour l'emploi de brigadier de gendarmerie, s'ils ont dépassé l'âge de 32 ans (D. m. 31 mars 1863).

Gîte et Geôlage.

(L'art. de la p. 224, *Dict.* doit être remplacé par celui-ci.)

Les prestations de gîte et geôlage sont supprimées et remplacées par une allocation unique, de 0 f. 2 c.5. Quant à la nourriture et au blanchissage des militaires détenus, le régime de l'ordinaire, réglé comme dans les corps organisés sous le titre de compagnie, est substitué à celui de l'abonnement avec les agents principaux des prisons ; quant à la paille de coucha ge, ils restent chargés de la fournir jusqu'à ce que le couchage des détenus soit assuré par l'entreprise des lits militaires ; il leur est à cet effet alloué 0 f. 3 c. par homme et par jour. D. m. 2 déc. 64. — R. 6 fév. 65).

(V. Prisons militaires, au *Supplément*.)

Gratification de première mise aux sous-officiers promus officiers ou à divers emplois.

(Add. aux même art., p. 226, *Dict.*)

La gratification de première mise est aussi allouée aux contrôleurs d'armes ou de fonderies et aux gardes d'artillerie venant des gardiens de batterie, savoir: aux contrôleurs de fonderie et contrôleurs d'armes de manufacture ou de direction, venant des ouvriers immatriculés, 400 f. ; venant des chefs armuriers 305 fr. ; gardes d'artillerie de 2e classe venant des gardiens de batterie, 305 f. (D. i. 7 fév. 63).

Gratifications de réforme renouvelables.

(A substituer à l'art. Gratification renouvelable, p. 226, *Dict.*)

Propositions et pièces à produire à l'appui. — Tout militaire réformé avec un congé n° 1, pour blessures ou infirmités contractées au service, peut être proposé pour une gratification de réforme renouvelable, dont le taux, suivant le grade, est fixé ainsi qu'il suit : adjudants sous-officiers, 280 f. ; sergents-majors et maréchaux-des-logis-chefs, 230 f. ; sergents et maréchaux-des-logis, 205 f. ; caporaux et brigadiers, 190 f. ; soldats, 180 f. Les mémoires de proposition sont individuels, ils doivent toujours indiquer le lieu où le militaire a l'intention de se retirer; chacun d'eux est accompagné : 1° d'un certificat de visite et de contre visite contenant la description, aussi exacte et aussi détaillée que possible, des blessures ou infirmités ayant motivé la réforme; 2° d'un certificat d'origine de ces mêmes blessures ou infirmités, et dans le cas où l'origine ne pourrait être positivement constatée, d'un certificat relatant les causes présumées de l'état d'infirmité du militaire ainsi que les circonstances dans lesquelles l'infirmité s'est développée ; 3° enfin, d'un état signalétique et des services du militaire proposé et, autant que possible, de son acte de naissance. Le bénéfice des dispositions qui précèdent est acquis aux militaires réformés, depuis le 1er mai 1854, pour cause de blessures reçues ou d'infirmités contractées en campagne.

Mode de concession et remise des titres. — La gratification de réforme renouvelable est concédée sur l'avis du conseil de santé des armées ; une décision ministérielle en détermine la quotité annuelle et fixe la date d'entrée en jouissance. Tout militaire admis à cette collocation reçoit un titre nominatif portant le numéro de son inscription au contrôle central tenu au département de la guerre. De même que les militaires désignés pour la retraite attendent au corps leurs lettres de notification de pension, les militaires réformés attendent à leurs corps respectifs leurs titres d'admission à la gratification renouvelable, dont le premier terme, toutefois, n'est mandaté qu'à leur arrivée dans leurs foyers. Les titres de gratification sont remis aux intéressés contre un récépissé daté et signé par eux ou en leur nom, et renvoyé au ministre par le général commandant la division militaire. Une fois munis de leurs titres, les militaires réformés sont immédiatement rayés des contrôles de l'armée et dirigés sur le lieu qu'ils ont choisi pour résidence, avec une feuille de route portant l'indemnité afférente à leur position. Le militaire qui perd son titre de gratification reçoit, après information sur l'usage qui a pu en être fait, un *duplicata* ; dans le cas de perte de ce duplicata, il ne lui est plus délivré qu'une lettre ministérielle qui en tient lieu.

Dates de jouissance de la gratification, et inscrip-

tion sur les contrôles des sous-intendants militaires.— La date de jouissance de gratification, d'après la jurisprudence adoptée, part généralement du premier jour du semesre dans lequel la réforme a été prononcée. Par cette mesure, toute de bienveillance, le militaire réformé se trouve en possession d'un petit pécule qui lui permet de chercher d'autres moyens d'existence et d'attendre dans ses foyers le paiement du deuxième semestre de sa gratification. Dans le cas de séjour prolongé, soit au corps, soit dans les hôpitaux, d'un militaire admis à la gratification renouvelable, il en est rendu compte au ministre, qui se réserve le soin d'apprécier s'il y a lieu de modifier la date de jouissance de l'allocation. En arrivant dans leurs foyers, les militaires en possession de la gratification se présentent, munis de leurs titres et de leurs congés de réforme, au sous-intendant militaire le plus voisin de leur résidence.

Les titres sont immédiatement envoyés à l'intendant divisionnaire, qui y appose son *visa* et délègue au sous-intendant militaire les crédits nécessaires à l'acquitement de la dépense ; il est ensuite procédé à l'inscription sur le contrôle, par grade, conforme au modèle ci-après, tenu dans chaque subdivision par le sous-intendant militaire chargé du service des pensions, et ce n'est qu'après que cette inscription a été constatée par le visa du sous-intendant sur le titre lui-même, que la gratification peut être mise en paiement.

Paiement des gratifications et justification de la dépense. — Les gratifications de réforme renouvelables sont payables, par semestre et d'avance, sur mandats individuels des sous-intendants militaires, imputés sur les fonds du chapitre XXII du budget (secours). Les justifications à fournir à l'appui de cette nature de dépense consistent dans la quittance des parties prenantes, appuyée d'un certificat de vie, dont la formule se trouve au dos des mandats, conformes au modèle n° 17 de la nomenclature annexée au R. 1 déc. 38, doivent indiquer, avec les mutations, dans la quatrième colonne, la date de la décision ministérielle portant concession de la gratification. Un extrait de cette décision est fourni au payeur, lors du paiement du premier semestre, et pour les semestres suivants, on rappelle sur les mandats, le mandat antérieur auquel la décision a été jointe. Les demandes de fonds, renfermées dans la limite des plus stricts besoins, sont adressées tous les mois au ministre ; dans la première demande de fonds de chaque exercice, on fait connaître les effectifs détaillés qui ont servi de base à son évaluation. Les bordereaux de mandats délivrés sont également envoyés mensuellement, chacune des parties prenantes doit y être désignée nominativement avec l'indication des numéro, date et montant de chaque mandat, ainsi que du département dans lequel le paiement a eu lieu, en ayant soin de totaliser la dépense par département dans la sixième colonne. Les revues portant régularisation de la dépense continuent d'être établies, dans chaque département, par semestre et d'une manière uniforme, c'est-à-dire qu'elles doivent toujours désigner, par grade et en suivant l'ordre alphabétique, les titulaires des gratifications ; elles doivent en outre mentionner le numéro du contrôle central de la guerre (colonne n° 1), le corps auquel le titulaire a appartenu (colonne n° 3), et, surtout, la date d'entrée en jouissance de la gratification (colonne n° 25). Lorsqu'à l'expiration d'une période bis-annuelle, la gratification est continuée au titulaire, cette dernière date est remplacée par celle du premier jour de la période suivante. Les revues doivent toujours être adressées au ministre dans les délais ci-après : celles du 1er semestre, dans le mois de septembre suivant ; celles du 2e semestre, au plus tard dans le mois de

(Gratifications de réforme renouvelables.)

CONTROLE des militaires admis à la gratification de réforme renouvelable.

NUMÉROS		NOMS, PRÉNOMS dates et lieux DE NAISSANCE	GRADES et CORPS	QUOTITÉ annuelle de la gratification	DATES		MOTIFS de la CESSION	DATES des visites médicales bisannuelles	MUTATIONS	DOMICILES	OBSERVATIONS
d'ordre	central du contrôle				de l'entrée en JOUISSANCE	de la DÉCISION ministérielle					

juillet de la seconde année de l'exercice. Les relevés des mutations survenues pendant chaque semestre sont envoyés dans les vingt premiers jours du semestre suivant. Ces diverses pièces de comptabilité et toutes celles qui se rapportent au service des gratifications renouvelables, doivent être transmises par bordereau spécial (bureau des pensions et secours). Il n'est payé aucune gratification, par rappel, sur un exercice clos, qu'en vertu d'une autorisation du ministre.

Changement de résidence. — Toutes les fois que le titulaire d'une gratification de réforme renouvelable transfère son domicile d'un département dans un autre, il est tenu, sous peine de perdre les termes échus de sa gratification, d'en informer le sous-intendant militaire du département qu'il quitte et de prévenir, à son arrivée, celui de sa nouvelle résidence. Le titre est visé conformément aux indications portées au *verso* de cette pièce, par les sous-intendants militaires qui doivent, en outre, mentionner la mutation sur les contrôles tenus, tant au lieu du départ qu'à celui de l'arrivée. Ces allocations ne peuvent, sous aucun prétexte, être payées à l'étranger.

Caractère de l'allocation.— Substitution en cas de décès du titulaire. — Comme les secours auxquels elles sont assimilées, en ce qui concerne l'imputation et le paiement, les gratifications de réforme renouvelables sont incessibles et insaisissables. Ces allocations ne sont point incompatibles avec un emploi ou une profession quelconque. Il convient, à cet égard, par une appréciation judicieuse, de tenir compte des professions individuelles et du degré d'obstacles que leur exercice pourrait rencontrer dans l'état physique du militaire réformé. Tout individu qui, pour cause d'indignité, serait dans le cas d'être privé de la gratification renouvelable, est l'objet d'un rapport spécial du général divisionnaire au ministre qui, seul, prononce, s'il y a lieu, le retrait de l'allocation. Ne peuvent être proposés pour la gratification renouvelable, les militaires condamnés qui, devenus infirmes pendant le temps de leur détention, ont été réformés à l'expiration de leur peine. Les gratifications sont essentiellement alimentaires et personnelles ; elles ne sont dûes qu'à ceux en faveur de qui elles ont été mandatées ; toutefois, si un militaire réformé vient à décéder sans avoir touché sa gratification, le ministre juge s'il y a lieu d'en autoriser exceptionnellement le paiement au profit de parents se trouvant dans le besoin et quand il a été constaté qu'ils se sont imposé des sacrifices pour donner des soins au défunt. L'initiative des propositions de substitution appartient également à l'autorité militaire; dans aucun cas, il n'est accordé plus d'un semestre de la gratification à titre de reversibilité.

Visites bis-annuelles, mesures relatives aux militaires qui ne s'y sont pas présentés.— Après deux années de jouissance, la gratification de réforme n'est continuée au titulaire pendant deux nouvelles années qu'autant que son état physique a été régulièrement constaté. A cet effet, les militaires réformés qui sont entrés dans le 4e terme de jouissance d'une période bis-annuelle sont convoqués par le sous-intendant militaire, chargé du service des pensions, devant la commission départementale de réforme, qui se réunit le 15 mai et le 15 novembre de chaque année, sur l'ordre du général commandant la subdivision et sous sa présidence. Les certificats de visite établis par les médecins militaires désignés pour assister cette commission, continuent l'exposé sommaire de la situation physique de chacun des militaires soumis à leur examen, et ne concluent à la suppression de la gratification qu'autant qu'il a été reconnu que le titulaire a complètement recouvré la faculté de travailler. Les commissions départementales apprécient la position des hommes convoqués en se pénétrant bien du caractère de l'allocation tel qu'il a été défini plus haut. Les titulaires de la gratification de réforme renouvelable qui ont été éliminés ou maintenus, par suite de la décision des commissions départementales de réforme, sont compris sur des états distincts qui doivent être transmis au ministre (bureau des pensions et secours), quinze jours, au moins, avant l'ouverture de chaque semestre. Si un militaire ne s'est pas présenté à la visite, le paiement de sa gratification est provisoirement suspendu, mais il n'est rayé des contrôles qu'après un délai d'un an, qui court du jour où il a cessé d'avoir droit à l'allocation, et lorsqu'il a été rendu spécialement compte au ministre des diligences qui ont été faites pour mettre le militaire réformé en mesure de régulariser sa position.

Militaires réintégrés dans la jouissance de la gratification de réforme renouvelable. — Les militaires qui, après avoir subi la visite médicale, ont été rayés des contrôles de la gratification renouvelable, peuvent y être rétablis, si l'infirmité qui avait motivé la concession de l'allocation vient à se reproduire. Il doivent, en pareille circonstance, se mettre en instance auprès du général commandant la division, qui les fait visiter et contre-visiter par les médecins du corps ou de l'établissement militaire le plus voisin de leur résidence, et les propose, s'il y a lieu pour être remis en possession de leur gratification. Tout militaire dont la réadmission a été autorisée, reçoit un nouveau titre de gratification ; ce titre est échangé contre l'ancien, qui est renvoyé au ministre et tient lieu de récépissé. Quel que soit le temps de l'interruption, la jouissance de la gratification date du premier jour du semestre dans lequel la réintégration a été proposée.

Délais pour l'admission et la réadmission à la gratification renouvelable. — Tout militaire réformé ou simplement libéré du service, sans avoir été l'objet d'aucune proposition, a un délai de *deux ans* pour se mettre en instance de gratification, mais il ne doit être proposé pour cette récompense qu'autant qu'une enquête établit d'une manière positive qu'il a été blessé ou qu'il est devenu réellement infirme au service.

Le même délai de *deux ans* est accordé aux militaires qui, après avoir joui de la gratification, en sollicitent le renouvellement. Ces délais une fois écoulés, les réclamants ne peuvent, à moins que le ministre n'en juge autrement, être proposés que pour un secours une fois payé.

Militaires réformés admis à la jouissance de la pension de retraite. — Si, par suite d'aggravation de blessures ou d'infirmités, le militaire réformé est admis à la retraite, en vertu des dispositions du décret du 20 août 64, qui accorde, pour former la demande de pension, un délai de deux ans, et de trois ans en cas de cécité ou d'amputation d'un membre, à dater de la cessation du service, la lettre de notification de la pension n'est remise au militaire qu'en échange de son titre de gratification qui doit être immédiatement renvoyé au ministre. Toutes les sommes perçues, à titre de gratification renouvelable, à compter du jour de la jouissance de la pension, sont déduites du premier paiement des arrérages de la dite pension. Mention de cette retenue est faite, quand il y a lieu, sur les décrets de concession.

Disposition spéciale relative aux militaires amputés ou aveugles n'ayant pas droit à pension. — Tout militaire qui a été amputé ou est devenu aveugle au service, par suite d'infirmités n'ouvrant pas le droit à la pension, déterminé par l'art. 12 de la loi du 11 avr. 31, est proposé pour un secours trimestriel. Le mémoire de proposition établi à cet effet est accompagné des mêmes pièces que les mémoires de proposition pour la gratification de réforme renouvelable; le militaire qui en est l'objet est immédiatement rayé des contrôles et dirigé avec une feuille de route sur ses foyers, où il ne tarde pas à recevoir, par les soins de l'autorité militaire, l'extrait d'ordonnance de paiement du premier terme du secours spécial qui lui a été accordé. Le militaire aveugle est toujours accompagné, jusqu'à son arrivée dans ses foyers, par un infirmier ou par un militaire de son corps (D. i. 24 déc. 64).

H

Honneurs et préséances.

(p. 232 et 397, *Dict.*)

Ces deux articles doivent être annulés. Le règlement du 13 octobre 1863 sur le service des places, vient de régler dans son titre VII, les honneurs et préséances. Ce règlement étant dans toutes les mains, rend inutile l'introduction de ce titre dans le *Dictionnaire.*

I

Infanterie légère d'Afrique.

(Modif. aux §§ 3, 7 et 8, col. 2, p. 244, *Dict.*)

Le mode de recrutement de ces bataillons est modifié de la manière suivante. Ils reçoivent : 1° les militaires des corps de la garde impériale qui ont encouru une condamnation n'importe de quelle durée, et auxquels il reste au moins une année de service à faire, autrement ils sont renvoyés dans des corps de la ligne ; 2° les hommes des corps de la ligne condamnés, postérieurement à leur incorporation, à une peine correctionnelle de plus de six mois, pour un délit purement militaire, et qui auraient encore au moins une année à passer sous les drapeaux ; 3° les hommes qui, en raison des condamnations par eux encourues, se trouvent dans le cas d'être envoyés aux compagnies disciplinaires des colonies, mais qui ont moins de dix-huit mois de service à terminer (D. m. 31 oct. 64).

Infirmerie régimentaire.

Dispositions réglant l'approvisionnement des infirmeries régimentaires en médicaments et objets de chirurgie et de pharmacie.

(A substituer en entier à celles de l'art., p. 246, *Dict.*)

La pharmacie centrale et le magasin central du mobilier de Paris sont exclusivement chargés de délivrer aux infirmeries régimentaires dont les corps tiennent garnison en France, les 9ᵉ et 17ᵉ divisions exceptées, les médicaments et autres objets compris dans la nomenclature ci-après. La réserve des médicaments et le magasin de réserve du mobilier de Marseille remplissent le même office à l'égard des corps stationnés dans les 9ᵉ et 17ᵉ divisions militaires et en Algérie, ou faisant partie de la division d'occupation en Italie. Les médecins des corps établissent, dans les premiers jours du mois précédant chaque trimestre, deux demandes distinctes; la première pour les médicaments et les autres objets qui doivent être pris à la pharmacie centrale de Paris ou à la réserve des médicaments de Marseille, la deuxième pour les objets du matériel d'exploitation lesquels doivent être tirés du magasin central de Paris ou du magasin de réserve du mobilier de Marseille. Ces demandes, portant le *visa* du major du régiment ou du commandant du détachement, sont adressées, selon le cas, à l'intendant militaire de la 1re division ou à celui de la 9e division, pour être transmises aux établissements livranciers. Avant qu'il y soit donné suite, elles doivent en outre être revêtues d'un *Vu bon à délivrer*, signé du sous-intendant militaire chargé de la surveillance administrative de ces établissements. A moins de besoins extraordinaires et urgents qui nécessitent pendant le cours d'un trimestre l'envoi d'une demande supplémentaire, les demandes ne sont renouvelées que trimestriellement. On doit observer, dans la rédaction des états de demande, l'ordre et les dénominations de la nomenclature, de même que les unités de poids, de mesure ou de nombre appliqués à chaque article. On ne doit dans aucun cas sortir du cadre de cette nomenclature. Les demandes doivent parvenir aux établissements livranciers avant le 15 du mois qui précède chaque trimestre. Les corps de cavalerie adressent simultanément, mais toujours en quatre états distincts (deux par infirmerie), les demandes de leur infirmerie régimentaire et hippique, afin que les comptables expéditeurs puissent en comprenant les objets provenant d'un même établissement dans un seul envoi, diminuer les frais d'emballage et de transport.

Toutes ces fournitures ont lieu à charge de remboursement. Le montant, arrêté au prix des tarifs en vigueur, est versé au trésor, à la diligence des chefs de service des magasins expéditeurs. La nomenclature indique approximativement à titre de renseignement, les quantités de chaque substance nécessaires pour un trimestre, mais il n'y a aucune nécessité à ce que les infirmeries soient constamment approvisionnées de toutes les substances mentionnées; son extension n'a pour objet que de faire connaître la série des médicaments parmi lesquels les médecins ont à choisir pour composer leur approvisionnement selon les circonstances ou leurs tendances thérapeutiques particulières. Le sulfate de quinine, en solution tirée au vingtième, est seul autorisé pour les corps stationnés en France. En Algérie et aux armées, il peut en être délivré sous forme pilulaire, pour les corps en marche ou en expédition. Dans aucun cas il n'est permis d'en délivrer en nature, sauf celui où il serait nécessaire d'en approvisionner les sacs ou les sacoches d'ambulance.

Quant à la destination à affecter aux boîtes, flacons et autres récipients ayant contenu les objets expédiés, on doit s'en référer aux règles ci-après : 1° lorsque le régiment ou le détachement est stationné dans l'intérieur ou à proximité de la place où se trouve le magasin expéditeur, les infirmeries renvoient ces récipients, au fur et à mesure des demandes, et en bon état de propreté, audit établissement, pour recevoir de nouveaux médicamments; 2° lorsque, au contraire, le corps se touve éloigné du magasin chargé de la fourniture, ces objets sont versés au Domaine, pour être vendus au profit du trésor.

Dans le but d'éviter, lors des changements de garnison, un transport encombrant, dificile et toujours onéreux pour l'Etat, par suite des pertes inévitables des substances médicamenteuses résultant de la fragilité des récipients, le matériel de pharmacie des infirmeries régimentaires reste à poste fixe dans chaque lieu de garnison. En conséquence, les corps doivent se conformer aux prescriptions ci-après : 1° lors des changements de garnison et après que chaque colonne a été pourvue de la quantité de médicaments jugés nécessaire pendant la route, le médecin partant est tenu de faire au médecin arrivant la remise du matériel pharmaceutique (médicaments, ustensiles et objets mobiliers à l'usage de l'infirmerie; 2° dans le cas où les médecins ne peuvent effectuer eux-mêmes cette remise, le matériel dont il s'agit, après avoir été reconnu et vérifié en présence de deux officiers du régiment partant, est renfermé dans le local affecté à l'infirmerie et est confié au garde du génie jusqu'à l'arrivée du nouveau médecin qui en prend charge de la même façon.

Comme rectification à la N. m. 1er mai 65, concernant le mode d'approvisionnement des infirmeries vétérinaires (V. INFIRMERIES VÉTÉRINAIRES), il est expressément recommandé aux corps de cavalerie compris dans l'une ou l'autre des deux circonscriptions indiquées ci-dessus, d'approvisionner les infirmeries hippiques aux mêmes sources que les infirmeries régimentaires, pour tous les objets qu'ils sont autorisés à recevoir.

NOMENCLATURE

Médicaments et denrées médicinales

P (1) : Racine : chiendent 4 k. (2), guimauve 1 k. réglisse 10 k., salsepareille 2 k.

Bois : gayac rapé 1 k.

Feuilles : mélisse 600 gr., thé Hyswin 200 gr.

Fleurs : camomille romaine 500 gr., petite centaurée 1 k., sureau 500 gr., tilleul 1 k.

Cryptogames : agaric amadouvier 100 gr.;

Sucs végétaux : gomme du Sénégal 2 k., oléo résine de copahu 4 k., goudron 100 gr., huile d'arachides 500 gr., cire jaune 50 gr.

Animaux et leurs produits : éponges fines 10 gr..

(1) La lettre P signifie que les articles qui viennent à sa suite, et cela jusques mais non compris ceux qui suivent la lettre M (page 17, col. 2), doivent être demandés à la pharmacie centrale de Paris ou à la réserve des médicaments à Marseille.

(2) Les quantités sont celles approximativement nécessaires pendant trois mois pour l'infirmerie d'un régiment.

Acides : azotique 60 gr., chlorhydrique 60 gr., tartrique purifié et pulvérisé 200 gr.
Alumine : sulfate d'alumine et de potasse pulvérisé (alun) 500 gr.
Ammoniaque : ammoniaque liquide à 22° 200 gr.
Antimoine : tartrate de potasse et d'antimoine pulvérisé (émétique) 20 gr.
Calcium et chaux : chlorure de chaux sec 2 k.
Cuivre : sulfate de cuivre 60 gr.
Ethers : chloroforme 60 gr., éther sulfurique alcoolisé 125 gr.
Fer : sulfate de fer 5 k.
Mercure : bichlorure de mercure (sublimé) 15 gr., protochlorure de mercure à la vapeur (calomel) 45 gr.
Potassium et potasse : azotate de potasse (nitre) 500 gr., chlorate de potasse 250 gr., iodure de potassium 500 gr., oléo margarate de potasse (savon vert) 2 k.
Soude : sulfate de soude 2 K.
Soufre : soufre sublimé 1 k.
Zinc : sulfate de zinc 200 gr.
Acétates : acétate d'ammoniaque liquide (en cas d'épidémie de choléra seulement) 250 gr, acétate de plomb liquide (extrait de Saturne) 2 k.
Alcool : à 85° centigrades (33° Cartier) 1 k. 500 gr.
Alcoolés : aromatique 200 gr., de camphre étendu (eau-de-vie camphrée) 3 k., extrait d'opium 125 gr., d'iode 60 gr.
Alun : desséché (calciné) 30 gr.
Azotates : d'argent cristalisé 10 gr., d'argent fondu 10 gr.
Cérat : simple, 1 k.
Chlorure : d'oxide de sodium 350 gr.
Eau distillée : simple 500 gr.
Emplâtres : brun (de la mère Thècle) 250 gr., mercuriel (de Vigo cummercurio) 200 gr., vésicatoire 100 gr.
Espèces : pectoral 1 k.
Extraits : d'opium purifié (en pilules de 0 gr. 05) 10 gr., de ratanhia (en cas d'épidémie de choléra seulement) 100 gr., de réglisse gommé 1 k.
Huile : camphrée 1 k. 500 gr.
Hydrolés : de persulfate de fer (de Mousel) 300 gr., de sulfate de quinine au 20° 200 gr.
Iodures : protoiodure de mercure (en pilules de 0 gr. 05) 50 gr.
Mellites : de roses rouges, 600 gr.
Onguent : basilicum 200 gr.
Pilules : de copahu 250 gr., de goudron et alun 250 gr., de sulfate de quinine (en Algérie et aux armées pour les corps en expédition ou en marche), 20 gr.
Polysulfure : de potassium solide, 200 gr.
Pommades : antipsorique d'Helmerich 2 k., épispastique au garou 200 gr., d'iodure de potassium 200 gr., mercurielle 500 gr.
Poudres : de cantharides n° 1 100 gr., de colophane 40 gr., d'ipécacuanha 60 gr., de lin (farine) 6 k., de moutarde (farine) 5 k, poivre de cubèbe, 3 k. 600 gr., de pyrèthre du Caucase (selon l'effectif du régiment) 1 gr. par homme, de quinquina gris n° 1 100 gr., de rhubarbe exotique 60 gr., de Vienne 15 gr.
Sparadrap emplastique : de diachylon gommé 300 gr.
Spardrap à l'ichthyocolle : percaline agglutinative (bandes) 200 gr.
Tartrate : de fer et de potasse 60 gr.
Vin médical : arsenical cuivreux (collyre de Lanfranchi) 50 gr.
Matière sucrée : miel blanc 1 k. 500 gr.
Orge : en grain 12 k.
Riz : en grain 3 k.
Semence de lin : entière 3 k.
Son : de froment (recoupette) 4 k.
Substance gommeuse : amidon 750 gr.
Vinaigre : blanc 500 gr.

Objets divers pour l'exploitation et ustensiles.

P (1) : Bouchons de liége : assortis, nombre 60.
Fioles à médecine : de 125 gr. 15, de 250 gr. 5.
M (2) : Linge à pansement : grand 3 k., moyen 3 k., petit 2 k., fenêtré 200 gr.
Suspensoirs : nombre 6.
Bandages : de corps 3.
Poupées : de chanvre 200 gr.
Charpie : de fil 2 k. 500 gr.
Epingles : nombre 200.
Fil : à ligature 50 gr.
Ruban : de fil 200 gr.
Seringues : à injection, en verre, nombre 4
Verres : a ventouses, nombre 6.
Bandes : roulées 5 k.
Sacs : à denrées de 3 à 12 k., nombre 4.
Irrigateur Eguisier 1.
Seringues : à injection, en étain 2.
Boites de fer blanc : de la contenance de 3 k 1, de 2 k. 11, de 1 k 500 gr. 2, de 1 k. 9, de 600 gr. 10, de 200 gr. 4, et de 60 gr. 3.
Bougeoir et sa bougie 1, boîte de fer blanc pour allumettes 1, cafetière à alcool 1, entonnoir en fer blanc 1, gobelets en fer blanc 10, petite passoire en fer blanc pour tisanes 1, étuis cylindriques en fer blanc 3, ciseaux moyens (paire) 1, couteau fort 1, gamelle en fer battu de 1 litre 1, tire-bouchon 1.
Spatules en fer de 30 cent. 1, de 20 cent. 1, de 20 cent. a double cuillère pour 1/2 décigramme et gramme 1.
Balances : Béranger de 1 k. 1, trébuchet à colonne et ses pieds de 50 gr. divisés 1, série de poids en

(1) Voir la note de la page 16, colonne 2.

(2) La lettre M signifie que les articles qui viennent à sa suite, doivent être demandés au magasin central de Paris ou au magasin de réserve du mobilier de Marseille.

cuivre de 1 k. à 1 gr. 1, caisses armoires pour pharmacie régimentaire 2, boîte à charnières 1, supports pour poser les caisses 2, panier à denrées 1, spatule en os de 16 c. 1, mortier en porcelaine émaillée, de 500 gr. et son pilon 1.

P (1) : Poudriers: de 1 k. 2, de 500 gr. 4, de 500 à 200 gr. 7, de 60 à 30 gr. 9.

Mesures graduées . en verre 2.

Pots à médicaments : (grés ou faïence) de 300 à 250 gr. 5.

M (2) : Appareil complet à fracture : de cuisse 1, de jambe 1, de bras 1, d'avant-bras 1.

Livret nomenclature 1.

Formulaire pharmaceutique des hôpitaux militaires 1 (N. m. 12 août 65).

Infirmeries vétérinaires.

(Add. au même art., p. 247 *Dict.*)

Le matériel des pharmacies vétérinaires et leur approvisionnement en médicaments demeurent à poste fixe dans chaque lieu de garnison des corps de troupes à cheval. Lors des changements de garnison et après que chaque colonne a été pourvue de la quantité de médicaments jugée nécessaire pendant la route, le vétérinaire partant est tenu de faire au vétérinaire arrivant la remise du matériel (médicaments, ustensiles et meubles) affecté à la pharmacie. Dans le cas où les vétérinaires ne peuvent effectuer eux-mêmes cette remise, le matériel dont il s'agit est confié au garde du génie, jusqu'à l'arrivée du nouveau vétérinaire. Les médicaments et substances sont renfermés dans l'armoire de la pharmacie, après avoir été reconnus et vérifiés en présence de deux officiers du régiment partant.

La nomenclature à suivre pour la rédaction des états de demandes de médicaments est celle ci-après :

Nomenclature des médicaments, ustensiles de pharmacie et objets de pansement que les vétérinaires sont autorisés à tirer des magasins et dépôts de pharmacie des hôpitaux militaires (1).

(A substituer à la nomenclature de la p. 247 *Dict.*)

MÉDICAMENTS

CLASSIFICATION. — || 1 || (3) Racines : -12- 8 k. gentiane jaune pulvérisée n° 2. || 3 || Ecorces : -7- 1 k. quinquina gris (loxa) entier. || 5 || Feuilles et tiges feuillées : -1- 1 k. absinthe, -17- 500 gr. tabac. || 6 || Fleurs et sommités fleuries : -4- 1 k. camomille romaine, -19- 200 gr. sureau. || 7 || Fruits et semences : -7- 1 k. baies de genévrier. || 70 || Sucs végétaux, *résineux* : -5- 2 k. aloès succotrin pulvérisé, -7- 500 gr. assa fœtida, -14- 5 k. goudron, -15 *bis*- 500 gr. gutta percha, -19- 1 k. poix noire, -20- 1 k. poix résine, -27- 5 k. térébenthine (oléo-résine); *huileux fixes* : -29- 10 k. arachides, -30- 5 k. cire jaune, -31- 50 gr. croton tiglium, -32- 500 gr. laurier (baies de); *huileux volatils* : -39- 1 k. huile de cade (pour vétérinaires), -40- 1 k. camphre, -43- 250 gr. empyreumatique (pour vétérinaires), -44- 1 k. lavande (pour vétérinaires), -46- 2 k. térébenthine (essence). Acides : -2- 100 gr. acide azotique à 35°, -5- 500 gr. acide sulfurique à 66°. Alumine : -2- 11 k. sulfate d'alumine et de potasse (alun). Ammoniaque : -1- 250 gr. ammoniaque liquide à 22° (alcali volatil), -4- 500 gr. chlorhydrate d'ammoniaque pulvérisé (sel). || 16 || Antimoine et bismuth : -3- 32 gr. chlorure d'antimoine (beurre d'antimoine), -5- 2 k. kermès persulfuré (pour chevaux), -9- 2 k. tartrate de potasse et d'antimoine (émétique). || 18 || Arsenic : -1- 50 gr. acide arsénieux. || 21 || Calcium et chaux : -1- 2 k. carbonate de chaux (craie), -3- 4 k. chlorure de chaux sec à 85°. || 22 || Cuivre : -1- 250 gr. acétate bicuivrique (vert de gris), -2- 250 gr. deutoxide de cuivre, -3- 250 gr. sulfate de cuivre (vitriol bleu). || 24 || Ethers : -2- 2 k. éther sulfurique à 60°. || 25 || Fer : -8- 2 k. sulfate de fer. || 31 || Plomb : -1- 500 gr. acétate de plomb cristallisé (sel de saturne). || 32 || Potasse : -1- 6 k, azotate de potasse (sel de nitre), -2- 1 k. bitartrate de potasse (crême de tartre), -5- 1 k. carbonate de potasse purifié, -7- 200 gr. iodure de potassium, -8- 2 k. oléo-margarate de potasse (savon vert). || 34 || Soude : -1- 500 gr. carbonnate de soude purifié (cristaux de soude), -6- 2 k. oléo-margarate de soude (savon blanc), -8- 25 k. sulfate de soude (sel de Glauber). || 35 || Soufre : 1 k. soufre sublimé. || 40 || Zinc : -3- 500 gr. sulfate de zinc || 43 || Acétates : -1- 2 k. d'ammoniaque liquide à 22°, -2- 5 k. de plomb liquide (extrait de Saturne). || 45 || Alcool : -2- 10 k. alcool à 85°. || 47 || Alcoolés : -2- 2 k. d'aloès, -9- 1 k. 500 gr. de cantharides, -13- 150 gr. d'extrait d'opium, -15- 250 gr. d'iode. || 48 || Alun : 500 gr. alun desséché (calciné). || 49 || Azotates : -1- 15 gr. azotate d'argent fondu (pierre infernale). || 53 || Collodion : 250 gr. collodion. || 59 || Espèces : -2- 5 k. aromatiques. || 60 || Extraits : -7- 2 k. de gentiane. || 65 || Iodures : -2- 100 gr. deuto-iodure de mercure. || 67 || Mellites : -4- 1 k. de vinaigre scillitique (oximel scillitique). || 68 || Onguent : -2- 4 k. basilicum. || 71 || Polysulfure : -2- 500 gr. de potassium solide. || 72 || Pommades : -13- 2 k. mercurielle, -14- 5 k. de peuplier (onguent populeum). || 74 || Poudres simples : -6- 1 k. de cantarides (poudre n° 2), -10- 500 gr. d'euphorbe, -12- 8 k. de gentiane (n° 2), -21- 10 k. de lin (farine), -27- 1 k.

(1) Voir la note 1 de la page 16, colonne 2.

(2) voir la note 2 de la page 17, colonne 2.

(3) Les chiffres entre deux doubles lignes perpendiculaires (|| ||) indiquent les numéros d'ordre par unité principale, simple ou collective. Les chiffres entre deux traits (- -) indiquent les numéros des espèces d'après le tarif d'ordre. Les quantités indiquées sont celles approximativement nécessaires pour trois mois.

de quinquina gris, loxa (n° 2), -31- 10 k. de réglisse (n° 2), -37- 250 gr. de valériane.

DENRÉES. || 89 || Matières sucrées : -1- 20 k. miel jaune. || 90 || Moutarde noire entière : 15 k. || 95 || Sel marin purifié. 10 k. || 96 || Semence de lin entière : 10 k. || 99 || Suif et graisse : -1- 16 k. graisse de porc (axonge). || 100 || Vinaigres : -1- 8 k. vinaigre blanc.

OBJETS DE PANSEMENT. || 1 || Charpie : -2- de chanvre et poupées de chanvre. || 109 || Charpie : -3- de filasse épurée et étoupes. || 111 || Accessoires de pansement (quantités, suivant les besoins) : -2- épingles (au cent). || 112 || -8- ruban de fil (au k.). || 271 || Toile coton : -2- en 90 cent. de large (au mètre). || 287 || Ficelle : -6- ficelle forte (au k.).

OBJETS MOBILIERS. || 205 || Sarraux d'officiers de santé : -2- 3 en coton. || 206 || Serviettes : -1- 6 serviettes essuie-mains. || 219 || Marbre : -8- 1 mortier en marbre noir de 5 litres. || 220 || Faïence et porcelaine : -29- 18 pots de pharmacie en porcelaine avec couvercle de 2 litres. || 221 || Verre blanc : -3- 1 entonnoir de 2 litres, -11- 8 flacons carrés bouchés à l'émeri de 2 litres, -11- 8 flacons carrés bouchés à l'émeri de 1 lit. 50. || 224 || Cristaux : -2- 1 mortier en cristal avec pilon, de 1 litre. || 236 || Cuivre rouge ou jaune : -6- 1 bassine en cuivre à fond ovoïde de 5 à 6 litres. || 243 || Fer blanc : -22- 1 entonnoir de 1 litre, -39- 1 pompe à irrigation. || 244 || Objets en fer : -60- 1 fourneau portatif en tôle à charbon de bois, -61- 6 spatules en fer, grandes, moyennes ou petites. || 249 || Fer battu : -6- 1 passoire creuse en fer battu étamé, -6- 1 cuiller à bec en fer battu étamé, -6- 2 mains a denrées pour poudres. || 252 || Spéciaux aux pharmacies : -12- 3 boîtes à pharmacie, moyennes, -29- 10 moulin Cambray pour la moutarde (petit modèle). || 253 || Bois : -26- 1 soufflet, -48- 6 sebiles en bois de différentes grandeurs. || 262 || Balances diverses : -3- 1 balance à pied de la portée de 5 k. avec série de poids en cuivre de 2 k., -5- 1 balance de pharmacie à colonne de la portée de 4 k. avec série de poids de 1 k. || 265 || Mesures de capacité en étain : -9- 1 de 2 lit., -10- 1 de 1 lit., -11- 1 de 0 50, -12- 1 de 0 20, -13- 1 de 0 10, -14- 1 de 0 5, -15- 1 de 0 2, -16- 1 de 0 1.

MEUBLES : 1 table bureau avec tiroir fermant à clef. 3 chaises foncées en paille, 1 table en chêne de 4^{m} 50 cent. de long sur 80 cent. de largeur pour la préparation des médicaments. 1 Armoire fermant à clé (D. m. 5 déc. 64).

Inspections administratives.

(Add. au même art., p. 249. *Dict.*)

Visites et honneurs militaires. — A leur arrivée dans une place, les intendants généraux inspecteurs font une visite au maréchal commandant supérieur et aux généraux de division. Les intendants militaires la font en outre aux généraux de brigade. Il leur est fait des visites de corps en grande tenue de service (8 juil. 35). Une sentinelle tirée du corps de garde le plus voisin est placée à la porte de leur logis. Le mot d'ordre leur est porté par un sergent (I. m. 8 mai 58).

Lors de chaque inspection passée par un intendant général inspecteur, le chef de corps, le major et les officiers comptables, s'il s'agit d'une troupe, les officiers de santé des hôpitaux et les officiers d'administration, s'il s'agit des services administratifs, et, dans tous les cas, les fonctionnaires de l'intendance, employés dans la localité, vont prendre l'intendant général inspecteur, l'accompagnent pendant la durée de ses opérations, et jusque chez lui lorsqu'elles sont terminées (A. m. 10 fév. 57). Les mêmes témoignages de déférence sont dus à un intendant militaire dans les mêmes circonstances, par les mêmes personnes, moins le chef de corps (C. m. 2 juin 40).

Inspection des corps. — Revue sur le terrain. — Défilé. — Avant de procéder à la revue sur le terrain, l'intendant militaire a soin d'informer du jour où il se propose de commencer ses opérations, l'officier général sous les ordres duquel le corps se trouve placé. Il règle avec le commandant de la place, les jour, heure et lieu des réunions. Il fait connaître en outre au chef de corps quels sont les états et autres documents dont la production sur le terrain lui paraît nécessaire (I. m. 12 mai 62).

Outre les revues périodiques et règlementaires, les intendants et sous-intendants militaires en passent sur le terrain, toutes les fois qu'ils en reçoivent l'ordre du ministre de la guerre ou des généraux de division, ou lorsqu'ils le jugent utile au bien du service. S'ils reconnaissent la nécessité de passer une revue extraordinaire, ils doivent au préalable en demander l'agrément a l'officier général commandant, et lui en déduire les motifs. Si l'officier général croit devoir s'opposer à la revue, il en rend immédiatement compte au ministre de la guerre.

Les revues d'effectif ont lieu dans les formes prescrites par l'ordonnance du 2 novembre 1833, articles 252 et 253, infanterie, et 315 et 316, cavalerie.

Le colonel, placé à la droite et à deux pas en avant du grand état-major, reçoit l'intendant militaire ; il a l'épée à la main et il salue de cette arme (29 sep. 47).

Après la revue administrative, les compagnies ou escadrons conduits par les capitaines et sous la direction des chefs de bataillon ou d'escadrons, défilent, les compagnies par le flanc, les escadrons en marchant par deux, devant le fonctionnaire de l'intendance, placé entre le colonel et le lieutenant-colonel ; le major se tient à la droite du colonel ; les tambours défilent à la tête de leur compagnie ; les trompettes en tête de leur escadron ; le peloton hors rang défile en tête des compagnies ou escadrons, les officiers, cavaliers et soldats portant les armes ou ayant le sabre en main (D. i. 25 avr. 39).

Le drapeau ou étendard ne doit pas paraître aux revues d'effectif des fonctionnaires de l'intendance, à moins qu'elles ne soient passées en présence d'un officier général (D. i. 15 juin 40).

Inventaires des services de l'habillement, du campement et du harnachement.

(Modif. au même art., p. 254, *Dict.*)

Une note ministérielle du 12 juin 1863 donne un modèle d'inventaire modifié, substitué à celui annexé à la circulaire du 28 juillet 1846; cette note dispose en outre que ces inventaires ne seront fournis qu'en simple expédition (ce modèle n'est pas donné ici à cause de son développement; en outre il n'est pas nécessaire, puisqu'on a le *Journal militaire* dans tous les bureaux d'habillement).

J

Jambières.

(Modif. et complément de l'art., p. 255, *Dict.*)

On a ajouté aux jambières une manchette en basane, destiné à s'engager sous la jarretière du pantalon et à garantir la jambe de son frottement; cette manchette est adaptée en haut du corps de la jambière; elle est d'un seul morceau et règne sur tout le développement de la jambière; elle est échancrée par derrière pour dégager le jarret (hauteur courante 80 mill., hauteur à l'échancrure, 50 mill). La boucle de jarretière au lieu d'être à rouleau est sans rouleau, simple, en cuivre, façon dite en demi-baguette, plate en dessous, ayant la barrette infléchie au milieu pour loger la base de l'ardillon, de manière à ne pas former d'épaisseur en dedans.

Les jambières sont établies sur cinq hauteurs, mesurées depuis le bord supérieur de la jarretière jusqu'au bas du collet, garniture en veau noirci qui doit se trouver à environ 8 ou 9 cent., selon la taille de l'homme, au-dessus du centre de la malléole interne. Elles sont échelonnées de 2 en 2 cent. depuis 25 cent. jusqu'à 17 cent. Chaque taille de hauteur se subdivise en six grosseurs, eu égard au développement de la jambière mesurée entre les bords extérieurs des bandes de cuir qui portent les œillets de la laçure. Cette combinaison donne 30 pointures (1).

Les hauteurs au-dessus de 25 cent. (A) et au-dessous de 17 (E), peuvent être considérées comme exceptionnelles et doivent être faites sur mesure. Il en est de même des grosseurs au-dessus de 37 cent. et 31 cent. ou au-dessous de 27 cent. et 21 cent. En général, il existe environ 3 cent. de différence entre la grosseur de la jambe à la jarretière et celle du mollet. On n'a point indiqué cette dernière dans le tableau des pointures. La coupe de la jambière ne peut la donner parce que ce renflement dans le profil de la jambière étant ouvert formerait sur le mollet des fronces difformes et qui pourraient gêner l'homme. Ce renflement s'obtient en mouillant la basane à l'endroit du mollet et en la tendant sur le genou, ce qui la fait prêter à volonté. Chaque homme doit ainsi ajuster ses jambières à son mollet. Cette forme une fois donnée ne varie plus. C'est pourquoi les jambières neuves auxquelles on n'a point fait subir cette opération, ne présentent presque aucune différence entre le développement à la jarretière et celui du mollet. Il y a tant de variétés dans la forme des jambes des hommes et dans la hauteur de leur mollet et son développement, qu'il serait impossible de confectionner un assortiment de jambières qui pût s'ajuster à tous sans cette opération. Il suffit donc que les grosseurs à la jarretière et au bas de jambe soient suffisamment assorties comme elles le sont ici d'après des *maxima* et des *minima* résultant, pour la hauteur et pour le développement, de mesures prises dans ce but avec soin sur plusieurs milliers d'hommes de différents régiments d'infanterie (N. m., 20 janv. 64).

L

Limite d'âge pour la retraite des officiers de tous grades et de toutes armes.

Les limites d'âge auxquelles les officiers de tous grades et de toutes armes qui ont droit à la retraite, à titre d'ancienneté de services, et doivent quitter les cadres de l'armée, sont déterminées comme ci-après :

1° CORPS D'ÉTAT-MAJOR, INTENDANCE MILITAIRE, INFANTERIE, CAVALERIE, REMONTES, RECRUTEMENT, GENDARMERIE, ARTILLERIE, GÉNIE, ÉQUIPAGES MILITAIRES, VÉTÉRANS, CORPS DISCIPLINAIRES.

Colonel, sous-intendant militaire de 1re classe, 60 ans; lieutenant-colonel, sous intendant militaire de 2e classe, 58 ans; chef de bataillon ou d'escadron, sous-intendant militaire adjoint de 1re classe, 56 ans; capitaine, sous-intendant militaire adjoint

(1) Voici le tableau de ces pointures :

Division pour la hauteur	Numéros des subdivisions	Grosseur à la jarretière	Grosseur au bas de la jambe
A. 0m 25	1	0m 37	0m 31
B. 0 23	2	0 35	0 29
C. 0 21	3	0 33	0 27
D. 0 19	4	0 31	0 25
E. 0 17	5	0 29	0 23
	6	0 27	0 21

Chaque jambière porte l'indication de ses dimensions, savoir ; la lettre alphabétique affectée à chacune des divisions de hauteur, suivie du chiffre de la subdivision de grosseur. Exemple : A 3 (exprimant 1re taille, 3e grosseur), B 5 (2e taille, 5e grosseur), etc., etc.

de 2e classe, 53 ans (60 ans pour les capitaines d'artillerie en résidence fixe); lieutenant et sous-lieutenant, 52 ans.

2° ÉTAT-MAJOR DES PLACES

Colonel, 65 ans; lieutenant-colonel, 62 ans; chef de bataillon, 60 ans; capitaine, lieutenant et sous-lieutenant, 57 ans (60 ans pour les secrétaires archivistes de place).

3° CORPS DE SANTÉ

Médecin et pharmacien inspecteur, 64 ans; médecin et pharmacien principal de 1re et 2e classes, 60 ans; médecin et pharmacien major de 1re classe, 58 ans; médecin et pharmacien major de 2e classe, 56 ans; médecin et pharmacien aide-major de 1re et 2e classes, 50 ans.

4° CADRES ADMINISTRATIFS, PERSONNEL DES EMPLOYÉS MILITAIRES DE L'ARTILLERIE, DU GÉNIE ET DES ÉQUIPAGES MILITAIRES, VÉTÉRINAIRES ET INTERPRÈTES DE L'ARMÉE, CHEFS DE MUSIQUE.

Officier principal, garde principal, contrôleur principal, interprète principal, 60 ans; officiers d'administration de toutes classes, garde et contrôleur de 1re classe, chef ouvrier d'état, maître artificier, vétérinaire en 1er, interprète de 1re et 2e classes, 58 ans; adjudants d'administration de toutes classes, garde et contrôleur de 2e classe, sous-chef ouvrier d'état, chef artificier, interprète de 3e classe, interprètes auxiliaires de 1re et 2e classes, vétérinaire en second, aide-vétérinaire, chef de musique, 56 ans.

Livret individuel du soldat.

(Add. au même art., p. 261, *Dict.*)

Il est ajouté au livret de chaque homme, un feuillet indiquant les mesures que doivent avoir les effets d'habillement, de coiffure et de chaussure à délivrer au titulaire, pour être exactement appropriés à sa taille et à sa conformation. Cette disposition dont l'utilité pratique n'échappe à personne, a pour objet de faciliter la distribution des effets de toute nature à délivrer aux hommes et de mettre les commandants des dépôts à même d'assortir toujours, conformément aux besoins réels, les expéditions qu'ils ont à diriger sur la portion active des corps.

Principes à observer pour la désignation des mesures.— Coiffure d'ordonnance (indiquer le nombre de points); visière pour shako et casquette (indiquer la lettre du type); bonnet de police (indiquer la pointure); vêtement de grande tenue, veste, pantalon, capote (indiquer le numéro du type); chaussure (indiquer la longueur et la largeur.—V. Souliers, au *Supplément*); jambières (indiquer les numéros de division et subdivision (V. Jambières, au *Supplément*).

Il doit être pris mesure à tout homme arrivant au corps, dans les trois jours de son incorporation. Les résultats sont inscrits au tableau des mesures du livret. L'opération est renouvelée au besoin, sur l'ordre du chef de corps, et les nouvelles mesures relevées sont inscrites à la suite des précédentes (N. m. 20 janv. 64).

M

Major.

Programme des connaissances exigées des capitaines proposés pour l'avancement et présentés spécialement pour les fonctions de major.

(A substituer à celui de la page 264, *Dict.*)

EXAMEN ORAL

Recrutement

Formation du contingent, immatriculation, libération. Loi du 21 mars 1832; instruction du 20 mars 1832; instruction du 4 juillet 1832.— Deuxième portion du contingent. Circulaire ministérielle du 10 janvier 1861.—Envoi dans la réserve. Instruction du 28 janvier 1844. — Dotation de l'armée, rengagements, engagements après libération, remplacement. Loi du 26 avril 1855; décret impérial du 9 janvier 1856; loi du 24 juillet 1860; décret du 6 octobre 1860; instruction du 24 juillet 1860.

Avancement

Avancement. Loi du 14 avril 1832; ordonnance du 16 mars 1838.

Pensions et secours

Pensions militaires. Loi du 11 avril 1831; ordonnance du 2 juillet 1831; loi du 5 juillet 1861; instruction ministérielle du 11 août 1861.—Gratifications renouvelables. Instruction ministérielle du 26 janvier 1857; décret du 20 août 1864; circulaire ministérielle du 24 décembre 1864.

Justice militaire

Organisation des tribunaux militaires, compétence des tribunaux militaires. Code de justice militaire du 9 juin 1855 (livre 1er et 2e).—Poursuite des déserteurs et des militaires en état de fuite. Circulaires des 16 février, 16 septembre 1847 et 11 juin 1854.

État civil

Constatation de la naissance des enfants de militaires, constatation du mariage des militaires, constatation du décès des militaires, actes concernant les militaires hors de l'Empire, actes conservatoires des intérêts de ces militaires. Instruction du 8 mars 1823; circulaire du 16 août 1831.

État des officiers

Activité, disponibilité, réforme, non-activité. Loi du 19 mai 1834. — Conseils d'enquête. Ordonnance du 21 mai 1836.

Casernement

Organisation des logements et des accessoires de casernement dans les pavillons et dans les casernes, ameublement des pavillons et des casernes, occupation des pavillons et des casernes par les troupes, police des bâtiments militaires occupés par les troupes, évacuation des pavillons et des casernes. Titres 4, 5, 6, 7 et 8 du règlement du 30 juin 1866.

Lits militaires

Composition des fournitures et demi fournitures, distributions, rechanges, réintégration dans les magasins. Instruction du 29 octobre 1844 ; marché en cours d'exécution.

Campement

Prestation. Règlement du 11 juin 1841. — Mode d'exécution du service. Règlement du 25 janvier 1845.

Logement chez l'habitant

Règles à observer. Ce que doivent les habitants aux militaires logés chez eux. Loi du 10 juillet 1791 ; règlement du 20 juillet 1824.

Hôpitaux

Admission des malades et leur mouvement dans les hôpitaux militaires, disposition des effets et des armes des militaires malades, morts et évadés. Titres 5 et 7 du règlement du 1er avril 1831.

Service de marche

Frais de route des militaires isolés : Principes d'allocation, application de ces principes aux parties prenantes, payement des mandats et délivrance des effets, régularisation dans les corps de troupe. 1re partie de l'ordonnance du 20 décembre 1837 ; titres 1, 3, 5 et chapitres 1, 2, et 3 du titre 6 ; 2e partie de la même ordonnance ; décret du 15 juin 1853 ; instruction provisoire du 31 août 1863.— Transports généraux de la guerre. Traité du 2 septembre 1861.—Convois militaires. Instruction du 3 mai 1863.

Subsistances militaires

Distributions, totalisations, expertises, nature et qualité des denrées, vivres de campagne, liquides, fourrages, approvisionnement de siége. Titres 4 et 5 du règlement du 1er septembre 1827 ; formules des principaux cahiers des charges employés pour l'exécution du service des subsistances militaires (*Journal militaire* 1854, n° 62).

Chauffage et éclairage

Allocation aux troupes, allocation aux corps de garde, totalisations, mode d'exécution du service. Chapitres 2, 3 et 4 de l'instruction du 30 juin 1840.

Administration et comptabilité

Ensemble des dispositions sur l'administration et la comptablilité des corps de troupe. Ordonnance du 10 mai 1844.—Habillement. Circulaire ministérielle du 15 décembre 1846 ; cahiers des charges des 29 mai 1850, 14 octobre 1851 et 2 novembre 1860 ; instruction du 17 juin 1851. — Armement. Règlement du 1er mars 1854.—Administration des jeunes soldats de la 2e portion du contingent. Règlement du 27 décembre 1860 ; circulaire ministérielle du 26 août 1861 (administration et comptabilité) ; circulaire ministérielle du 2 août 1861 (habillement) — Comptabilité spéciale de la dotation dans les corps de troupe. Instruction du 4 décembre 1863.—Écoles régimentaires. Règlement du 28 décembre 1835.—Ordinaires. Ordonnance du 2 novembre 1833 ; règlement du 14 décembre 1861.

Solde et Revues

Définitions générales du service de la solde, diverses positions, prestations en deniers, prestations en nature, tenue des contôles des hommes et des chevaux, établissement des feuilles de journées, revues, décompte de libération. 1re partie, titres 1, 2 et 3 ; 2e partie, titres 1, 2, 3 et 4, 3e partie, titres 1, 2 et 3 de l'ordonnance du 25 décembre 1837.

COMPOSITIONS ÉCRITES

Le sujet des compositions écrites est pris dans diverses parties de service indiquées au présent programme.— Ce sujet, qui doit être le même pour tous les candidats, est tiré au sort dans une série préparée à l'avance par le président. — La commission indique la forme à donner au sujet, qui doit être traité séance tenante, sans le concours d'aucun livre, règlement ou instruction.

Tous les règlements nouveaux, en tant qu'ils se rapportent à l'administration intérieure des corps, font partie du programme d'examen, dès l'année qui suit leur promulgation.

Marque des chevaux.

(Modif. au même art., p. 268, *Dict.*)

Les chevaux de troupe de toutes armes, au lieu d'être marqués à la fesse, sont marqués à l'encolure sous la crinière. La marque est appliquée au fer chaud au tiers inférieur du côté gauche de l'encolure, parallèlement à son bord supérieur et à 3 cent. de la naissance de la crinière.

La marque distinctive de l'arme est déterminée comme ci-après : Garde impériale : cuirassiers, C G 1, C G. 2 ; dragons, D G ; lanciers, L G ; chasseurs, C G ; guides G ; artillerie montée, A M G ; artillerie à cheval, A C G ; train d'artillerie, T A G ; train des équipages, T E G ; génie, G G. Troupes de ligne : carabiniers, 1 C à 2 C ; cuirassiers, C 1 à C 10 ; dragons, D 1 à D 12 ; lanciers, L 1 à L 8 ; chasseurs, C 1 à C 12 ; hussards, H 1 à H 8 ; chasseurs d'Afrique, A 1 à A 3 ; artillerie, A 1 à A 20 ; train d'artillerie, T A 1 à T A 6 ; train des équipages, T E 1 à T E 5 ; génie, G 1 à G 3 ; école de cavalerie, E C ; école d'état-major, E E ; école spéciale militaire, E M ; école d'application, E A.

Les caractères qui composent la marque (lettres ou

chiffres) ont 50 mill. de hauteur. La largeur du bord intérieur du trait à l'autre est de 38 mill. L'épaisseur dans la partie cautérisante est invariablement de 2 mill., ce qui donne 40 mill. pour la largeur totale d'un caractère. Le chiffre 1 qui fait exception, a 3 mill. de largeur. Dans la marque à deux caractères, l'intervalle qui les sépare est de 30 mill., de telle sorte que l'instrument a une largeur totale de 110 mill. Dans la marque à trois caractères cet intervalle n'est plus que de 20 mill. et la largeur totale de 120 mill.

La dépense résultant de la confection des marques est imputable à la masse d'entretien du harnachement et du ferrage (A. m. 6 mai 64. — I. m. 24 avr. 65).

Masse individuelle.

(Modif au § 1, col. 1, p. 271, *Dict.*)

L'excédant du complet réglementaire de la masse doit être payé dans les vingt premiers jours de chaque trimestre.

(Add. au 7e §, col. 2, p. 272, *Dict.*)

Est prélevé sur la première portion de la prime ou des annuités attribuées aux engagés volontaires après libération et aux remplaçants administratifs, le montant de la première mise de petit équipement, suivant l'arme à laquelle les hommes sont affectés (A. m. 28 fév. 63).

Médailles commémoratives.

(Add. au même art., p. 274, *Dict.*)

Il est créé une médaille commémorative de l'expédu Mexique en 1862 et 1863. Cette médaille est semblable à celles d'Italie et de Chine, elle porte la légende suivante: « Expédition du Mexique 1862-1863. » et en inscription les noms : « Cumbres, Cerro-Borego, San Lorenzo, Puebla, Mexico. » Le fond du ruban est blanc moiré broché vert, ponceau et grenat, teinture grand teint et au milieu par un effet de trame, l'aigle Mexicaine tenant un serpent dans son bec. Le prix du ruban est 2 f. 85 c. au maximum y compris l'emballage et le transport. L'obtention et le port de cette médaille sont soumis aux mêmes dispositions que ceux des autres médailles commémorative (D. i. 29 août 63, 15 mars 64, 6 juin 64).

Mesures des divers effets de l'homme de troupe.

(V. LIVRET INDIVIDUEL DU SOLDAT, au *Supplément.*)

O

Ordinaires.

(Add. au même art., p. 287 et 399, *Dict.*)

Distribution et entretien des ustensiles de campement affectés au service des ordinaires. — Des ustensiles de campement sont distribués à tous les corps stationnés à l'intérieur, pour être affectés au service des ordinaires, en remplacement des objets que les corps étaient dans l'usage d'emprunter aux fournisseurs.

Les distributions d'ustensiles sont faites dans les proportions suivantes :

Gamelles, en raison de l'effectif total, une par huit hommes; grands bidons et marmites, en raison du tiers des gamelles distribuées, une par 24 hommes.

Il est distribué à l'infanterie des gamelles, des grands bidons et des marmites. La cavalerie et l'artillerie reçoivent seulement des gamelles à raison d'une, du nouveau modèle, pour quatre hommes, et des grands bidons à raison d'un, nouveau modèle, pour douze hommes.

La durée de ces ustensiles est fixée à quatre ans pour ceux neufs et à trois ans pour ceux classés *bon*; toutefois cette fixation n'est déterminée que pour ordre et aucun ustensile ne peut être remplacé qu'autant qu'il a été réformé par un inspecteur général sur la proposition d'un intendant militaire.

Lors des changements de garnison, les corps remettent les ustensiles de campement aux corps appelés à les remplacer. Les détachements emportent avec eux leurs ustensiles. En cas de cessation absolue d'occupation d'une caserne, le dernier corps occupant emporte ses ustensiles de campement.

Ces ustensiles sont soumis dans les corps aux mêmes règles de comptabilité que les effets du service de l'habillement et compris dans les comptes de gestion et dans les inventaires de fin d'année, au titre du service du campement.

Le prix des réparations ou des pertes est imputé, selon le cas, sur les fonds de la 2e portion de la masse générale d'entretien ou sur la masse individuelle.

Les ustensiles qui doivent être réintégrés dans les magasins des corps, sont préalablement nettoyés et, s'il y a lieu, réparés. A cet effet, ils sont lavés dans un bain bouillant composé de 100 parties d'eau pour 8 parties de potasse du commerce, puis, après avoir été bien rincés et séchés, ils sont graissés.

Le corps gras à employer pour cet usage, se compose de : 50 % de graisse de mouton (prix approximatif, 2 f. le k.) et 50 % d'huile d'olive ordinaire (prix approximatif 3 f. le k.). Il faut environ 2 gr. de ce composé pour graisser un ustensile. La dépense est supportée par la masse générale d'entretien.

Les réparations sont exécutées soit par les chefs armuriers, soit par les ferblantiers et étameurs civils.

Les réparations confiées aux chefs armuriers sont soumises soit au régime de clerc-à-maître, soit au régime de l'abonnement; dans le premier cas, les prix ne doivent pas dépasser les fixations des tarifs de réparation du 22 septembre 1863. Lorsqu'à défaut de chefs armuriers, les réparations sont confiées à l'industrie civile, les marchés passés à cet effet par les conseils d'administration sont soumis à l'approbation de l'intendant divisionnaire.

Le rétamage des ustensiles de campement, qu'il ait lieu par les chefs armuriers ou par l'industrie civile, doit être fait exclusivement au moyen de bains d'étain pur et fin dit *banca*, dans lesquels chaque objet est successivement plongé, afin que la tôle se couvre de toute la quantité d'étain qu'il lui est possible d'absorber. Cette disposition doit faire l'objet d'une clause expresse dans tous les marchés, et l'exécution en doit être rigoureusement surveillée par les chefs de corps et les médecins militaires.

Les ustensiles de campement régulièrement réformés sont remis au domaine pour être vendus au profit du trésor public, à l'exception de ceux qui ont été jugés nécessaires pour les réparations. Les grands bidons sont, de préférence, réservés à cet usage.

Les chefs armuriers n'emploient des matières neuves aux réparations qu'en cas d'absolue nécessité et sous l'autorisation du sous-intendant militaire.

La distribution faite par l'Etat d'ustensiles de campement destinés au service des ordinaires de la troupe, implique la défense expresse aux fournisseurs des denrées de l'ordinaire, de livrer des objets devant tenir lieu de ces ustensiles. Les chefs de corps doivent interdire d'une manière absolue l'introduction de ces objets dans les quartiers ou casernes. Toute perte ou soustraction d'objets de cette nature de la part de la troupe, ne donne lieu à aucune restitution ou indemnité au profit des fournisseurs des denrées de l'ordinaire qui les auraient prêtés (I. m. 23 sept. 63).

Modification à l'organisation des commissions. — Depuis le 1er janv. 65, la reconstitution des commissions doit avoir lieu aux dates des 1er janv., 1er mai et 1er sept., et le remplacement des deux membres aux dates intermédiaires des 1er mars, 1er juil. et 1er nov. — Il n'est plus produit qu'un seul rapport de gestion dans les premiers jours de janv. de chaque année, comprenant les opérations de l'année écoulée. — Le secrétaire de la commission peut être choisi parmi les sous-lieutenants aussi bien que parmi les lieutenants. — La somme déposée dans la caisse du corps (fonds divers), à titre de cautionnement des fournisseurs, leur est remboursée, à l'expiration de leur marché, par le trésorier ou l'officier payeur, sur l'invitation écrite du président de la commission et en présence du secrétaire (D. m. 27 déc. 64).

Adjudications. — Aux termes du titre 3 du R. 14 déc 61, les commissions des ordinaires assurent la fourniture des denrees, en procédant soit par adjudication, soit de gré à gré, soit par toute autre voie qui leur paraît la plus économique, et les marchés sont rédigés à la suite d'une formule de cahier des charges, que les commissions modifient selon les circonstances du moment ou les exigences locales. — Lorsque les commissions procèdent par adjudication, elles ont la faculté de n'admettre à concourir que les personnes qui justifient de leur solvabilité et de leur moralité, et d'écarter du concours tout entrepreneur qui aurait donné des sujets de mécontentement dans l'exécution de précédents marchés; mais, une fois le concours ouvert, de même que la remise d'une soumission engage le signataire, de même la commission engage sa responsabilité si elle ne proclame adjudicataire le soumissionnaire dont les offres sont les plus avantageuses. — En cas d'égalité de prix entre plusieurs soumissionnaires, la commission, sur les nouvelles offres qu'ils déposent, doit adjuger la fourniture à celui qui est descendu au prix le plus bas. — Si, à cette seconde épreuve, il y a encore égalité de prix, et que l'un des soumissionnaires soit l'entrepreneur en possession du service, la préférence doit lui être donnée sur ses compétiteurs, dans le cas où ses fournitures antérieures ont été faites à la satisfaction de la commission; autrement il y a lieu de procéder par la voie du sort (C. m. 6 oct. 65).

P

Permissions d'absence.

La question des permissions d'absence est réglée d'une manière générale et précise par les dispositions ci-après :

Les permissions sont accordées aux militaires des corps de troupes, par les officiers généraux et les chefs de corps, dans les limites suivantes : par le chef de corps, 4 jours avec solde de présence sans accessoires, ou 8 jours avec solde de congé; par le général de brigade, 8 jours avec solde de présence sans accessoires, ou 15 jours avec solde de congé; par le général de division, 15 jours avec solde de présence sans accessoires, ou 30 jours avec solde de congé; par le maréchal de France, 30 jours avec solde de présence sans accessoires. — Les caporaux ou brigadiers et soldats versent à l'ordinaire le montant de la différence existant entre la solde de présence et celle de congé.

Les permissions sont accordées aux officiers sans troupe et aux employés militaires des services de l'artillerie, du génie, de la remonte et des équipages militaires, dans les limites suivantes : par le chef de service, 4 jours avec solde de présence sans accessoires, ou 8 jours avec solde de congé; par le général de brigade, 8 jours avec solde de présence sans accessoires, ou 15 jours avec solde de congé; par le général de division, 15 jours avec solde de présence sans accessoires, ou 30 jours avec solde de congé; par le maréchal de France, 30 jours avec solde de présence sans accessoires. — Néanmoins, aucune permission excédant 8 jours ne peut être accordée que sur l'avis préalable du chef immédiat du service.

Les permissions sont accordées aux fonctionnaires de l'intendance militaire et aux employés militaires des divers services administratifs, dans les limites suivantes : par l'intendant militaire, 15 jours avec solde de présence sans accessoires, ou 30 jours avec solde de congé; par le maréchal de France, 30 jours avec solde de présence sans accessoires, avec avis préalable de l'intendant.

Les permissions sont accordées aux officiers et employés de la justice militaire, dans les limites suivantes : par le général de brigade, 8 jours avec solde de présence sans accessoires, ou 15 jours avec solde de congé; par le général de division, 15 jours avec solde de présence sans accessoires, ou 30 jours avec solde de congé; par le maréchal de France, 30 jours avec solde de présence sans accessoires.

Les officiers sans troupe (autres que ceux de l'artillerie, du génie, de la remonte et des équipages) et tous les officiers mentionnés à l'art. 80 de l'ordonnance du 25 déc. 37 (colonels, lieutenants-colonels, majors, capitaines instructeurs, officiers comptables et officiers de santé) peuvent aussi obtenir des permissions dans les mêmes conditions que les autres officiers; mais les généraux de brigade, les généraux de division et les maréchaux de France ont seuls le droit de les leur accorder, et dans les limites déterminées, pour chacun de ces grades, par le présent dispositif.

Les permissions sont accordées aux militaires de la gendarmerie : par les chefs de légion, 8 jours avec solde de présence sans accessoires, ou 15 jours avec solde de congé; par l'inspecteur général de l'arme, en fonctions, 15 jours avec solde de présence sans accessoires, ou 30 jours avec solde de congé.

Les colonels et les généraux de brigade n'ont pas le droit d'accorder des prolongations de permission ; mais, en cas d'absolue nécessité, les militaires en jouissance de permissions avec solde de présence peuvent obtenir des généraux de division ou des maréchaux de France sous les ordres desquels ils servent, ou de ceux dans le commandement desquels ils jouissent de leur permission, une prolongation avec solde de congé, en conservant la solde de présence pour la durée de la permission primitive, à la condition toutefois que la durée totale de la permission et de la prolongation n'excède pas les limites fixées au § 1er ci-dessus. — Les permissions avec solde de présence ne peuvent jamais être prolongées par les autorités militaires dans le commandement desquelles le titulaire de la permission ne fait que passer, soit pour aller jouir de cette permission, soit pour rejoindre son corps ou son poste. — Lorsqu'une permission accordée primitivement avec solde de présence est suivie de concession de prolongation, ayant pour effet d'étendre l'absence du militaire au-delà de 30 jours, cette permission ne donne plus droit à la solde de présence, et la durée totale de l'absence est considérée comme un congé pour affaires personnelles, n'entraînant que l'allocation de la demi-solde ; dans ce dernier cas, bien entendu, c'est au ministre seul qu'il appartient de statuer sur la demande de prolongation.

Les officiers sans troupe, les fonctionnaires de l'intendance, les officiers de santé et vétérinaires (abstraction faite de ceux de ces derniers qui, appartenant à des corps de troupes, sont naturellement traités comme les officiers de ces corps) et les autres employés militaires des divers services, ne peuvent obtenir des prolongations de permission qu'après un nouvel avis favorable de leurs chefs de service immédiats. — Les colonels, lieutenants colonels, majors, capitaines instructeurs qui désirent obtenir des prolongations de permission, sont tenus de fournir un avis favorable de l'autorité qui a concédé la permission primitive; et les officiers comptables, un certificat dans la forme déterminée par le § 3 de l'art. 80 de l'ordonnance 25 déc. 37 (certificat du conseil d'administration revêtu de l'avis motivé du sous-intendant militaire, constatant que la situation de leurs écritures ne s'oppose point à leur absence).

Les permissions avec solde de présence peuvent être accordées aux enfants de troupe, quand ils sont titulaires des emplois de tambour, clairon, trompette ou musicien.

Les permissions sont accordées aux officiers généraux, aux intendants militaires, aux directeurs d'artillerie et des fortifications, aux commandants des dépôts de remonte et aux chefs de légion de gendarmerie, par les maréchaux commandant les corps d'armée, dans la limite de 8 jours. — Il en est immédiatement rendu compte au ministre.

Les titres de permission sont établis sur les formules imprimées, sur papier rose pour les permissions avec solde de présence, et sur papier blanc pour celles avec solde de congé.

Toutes les dispositions antérieures contraires aux présentes sont abrogées (A. m. 4 fév. 64).

Prisons militaires.

(Modif. à l'art. ÉTABLISSEMENTS PÉNITENTIAIRES, p. 200, col. 1, *Dict.*)

Toute prison militaire située dans une place qui

est le siége d'un conseil de guerre, doit être divisée en trois sections, formant autant d'établissements distincts, qui peuvent occuper des bâtiments séparés, savoir :

La MAISON D'ARRÊT, recevant : 1° les militaires de tout grade, officiers, sous-officiers, soldats, punis disciplinairement; 2° les militaires extraits des différents corps et désignés pour les compagnies de discipline; 3° les militaires voyageant sous l'escorte de la gendarmerie.

La MAISON DE JUSTICE, recevant : 1° les militaires traduits devant les conseils de guerre de la division; 2° les militaires arrêtés en absence illégale, et dont la position n'est pas déterminée; 3° les condamnés qui attendent soit l'exécution de leur jugement, soit une commutation de peine. Ces derniers doivent être dans une partie de la prison n'ayant aucune communication avec les prévenus.

La MAISON DE CORRECTION, recevant : 1° les officiers condamnés à la peine de l'emprisonnement, lorsque la condamnation prononcée contre eux n'a pas entraîné leur exclusion de l'armée; 2° les autres militaires condamnés à la même peine, qui ne sont pas susceptibles d'être envoyés dans les pénitenciers.

Les officiers supérieurs sont dans un local distinct de celui des autres officiers, et ceux-ci dans un local entièrement séparé de celui des sous-officiers et soldats.

Lorsque ces trois sections occupent un même bâtiment, il doit être affecté à chacune d'elles un local particulier, afin qu'il ne puisse jamais y avoir de relations entre les différentes catégories de détenus.

A défaut de bâtiment spécial, les militaires peuvent être renfermés dans les maisons d'arrêt des villes, où, pour éviter toute communication avec les prisonniers de l'ordre civil, il leur est réservé un local particulier.

La surveillance des prisons militaires appartient à l'autorité militaire supérieure locale.

Le contrôle des dépenses est du ressort de l'intendance.

Les commandants des forts où sont situées des prisons militaires, n'ont pas à s'immiscer dans le régime intérieur de ces établissements.

Personnel. — Le personnel est soumis aux règles générales de la discipline et de la subordination militaires.

Il se compose, en principe, d'un agent principal et au besoin d'un greffier et d'un ou plusieurs surveillants, dans la proportion de 1 surveillant sur 25 détenus.

Quand l'importance du service l'exige, les prisons peuvent être placées sous le commandement d'un capitaine en activité de service. A défaut d'officier commandant titulaire, le commandant de la place, quel que soit son grade, est chargé de la surveillance des prisons militaires.

Un ecclésiastique, désigné par le ministre de la guerre, remplit les fonctions d'aumônier.

Deux plantons, l'un de la gendarmerie et l'autre de l'infanterie (du grade de sergent, autant que possible), sont tous les jours commandés pour la prison. Les attributions du gendarme de planton consistent principalement dans la conduite des prisonniers, lorsqu'on a à leur faire opérer des mouvements hors de la prison. Le planton d'infanterie assiste à la pesée de la viande pendant qu'elle est mise en portions, à celle du pain et à la distribution de la soupe aux détenus; il consigne chaque jour ses observations sur un cahier à ce destiné.

Entrées et sorties. — Aucun militaire ne peut être écroué dans une maison d'arrêt, de justice ou de correction, sans l'ordre écrit ou le visa du général commandant la division ou la subdivision, ou du commandant de la place, ou sans la présentation du procès-verbal d'arrestation ou de l'ordre de conduite remis par la gendarmerie.

Tout individu conduit à la maison de justice en vertu d'un mandat d'amener signé par l'un des commissaires impériaux près les conseils de guerre, est reçu par l'agent principal et mis en cellule de dépôt, en attendant que le billet d'écrou soit délivré par ordre du général commandant la division.

L'écrou est constaté sur un registre coté et paraphé par le chef d'état-major de la division, sur lequel le greffier inscrit, au fur et à mesure des entrées, les nom, prénoms, âge, lieu de naissance, grade et corps du détenu, ainsi que l'indication de l'autorité qui a ordonné l'écrou. Le conducteur du détenu ou le chef d'escorte signe ce registre; il reçoit, en échange du détenu, un récépissé signé par l'agent principal et indiquant le jour et l'heure où le prisonnier a été écroué.

Tous les ordres d'élargissement, d'envoi sur un corps de l'armée ou de transfèrement dans un autre établissement pénitentiaire, sont délivrés par le général commandant la division.

La levée de l'écrou est constatée sur le registre par la signature du porteur de l'ordre d'extraction.

Garde de police. — Un poste de garde est placé près de chaque prison; il ne doit faire ni ronde, ni patrouille pour le service de la place; il est entièrement aux ordres du commandant de la prison, qui en dispose suivant les besoins du service, règle les heures de ronde, détermine le nombre et l'emplacement des factionnaires. A toute heure de jour et de nuit, la garde de police doit déférer aux réquisitions du personnel. Au réveil et à la retraite, ainsi qu'à tous les mouvements en masse opérés par les détenus, la garde sort du poste, s'il y a lieu, et reste sous les armes jusqu'après l'appel des détenus. Il est interdit aux sentinelles d'avoir aucune espèce de communication avec les détenus.

Officiers de visite. — Les prisons sont visitées tous les jours par un officier de santé choisi de préférence parmi les médecins militaires chargés d'un service sédentaire dans la localité, et par un officier de la garnison. L'agent principal accompagne les officiers de visite et satisfait à toutes les questions concernant la nourriture des détenus et la propreté des chambres et cellules. L'officier de visite reçoit les réclamations des détenus et ne les transmet, s'il y a lieu, à l'autorité militaire supérieure, qu'après s'être éclairé sur leur valeur auprès du commandant de la prison ou de l'agent principal; il consigne les résultats de ses observations, sur un registre ouvert à cet effet dans les prisons.

Fonds appartenant aux détenus. — Les sommes, quelle qu'en soit l'origine, appartenant à des détenus qui quittent la prison, avec destination pour un corps, sont envoyées au conseil d'administration de ce corps, pour être versées soit à leur masse, avec leur consentement, soit à la caisse d'épargne, conformément aux prescriptions de la circulaire du 8 janvier 1859 (R. 20 juin 6).

Organisation administrative des prisons. — Les prisons de l'intérieur sont divisées en trois classes, en raison de leur effectif, de leur situation ou de l'importance des ateliers qui y sont organisés. — Les prisons de 1re classe sont pourvues d'un conseil d'administration. — Les prisons de 1re et de 2e classes sont considérées, au point de vue de l'administration et de la comptabilité, comme des corps organisés sous le titre de compagnies. — Les prisons de 3e classe sont considérées, au même point de vue, comme des détachements des prisons de 1re et de 2e classes. — Dans les prisons de 1re et de 2e classes, les détenus vivent au régime de l'ordinaire; dans celles de 3e classe, ils sont nourris à l'ordinaire de l'un des corps de la garnison. — Toutes les sommes acquises aux détenus sont versées aux fonds généraux, et aucun argent ne leur est directement remis avant le terme de leur détention, ni à titre de centimes de poche ni autrement. — Une cantine, tenue par un entrepreneur étranger au personnel de la prison, fournit aux détenus les menus objets dont ils ont besoin et les suppléments de vivres autorisés par les règlements. Les dépenses de la cantine sont payées à l'entrepreneur par l'agent principal; à cet effet, on établit journellement la liste des détenus admis à la cantine, avec indication de ce qu'ils devront y recevoir.

Les règles d'administration sont les mêmes que celles des corps de troupe; les cas spéciaux sont définis par le R. provisoire 6 fév. 65.

L'ordinaire de la prison est sous la surveillance du commandant de la place et de l'officier de l'état-major de la place délégué par lui; cet officier est investi, à cet effet, de toutes les attributions dévolues aux chefs de corps. Le régime de l'ordinaire est déterminé par le R. précité.

Officiers détenus. — Les officiers détenus se nourrissent à leurs frais, leur nourriture est, soit apportée du dehors soit préparée par le cantinier, d'après un tarif spécial. La dépense de nourriture, y compris un litre de vin (maximum d'allocation), ne peut dépasser par jour : 5 f. pour les officiers supérieurs, 3 f. 50 c. pour les capitaines, 2 f. 50 c. pour les lieutenants et les sous-lieutenants. — Les officiers détenus peuvent, sur leur demande, participer à l'ordinaire, soit de la prison, soit du corps chargé de nourrir les détenus, moyennant un versement journalier de 30 c. pour le repas du matin et de 25 c. pour le repas du soir. Ils reçoivent pour les deux repas la ration entière, soit de l'ordinaire de la prison, soit de celui de la troupe.

Le chauffage, l'éclairage et les objets de cantine peuvent être, soit tirés du dehors, soit fournis par le cantinier au prix du tarif spécial.

Un ameublement d'officier, ancien modèle, est délivré à l'officier détenu par l'entreprise des lits militaires, sur la demande du conseil d'administration ou de l'agent principal, approuvée par le sous-intendant militaire. Si cet ameublement ne peut être fourni, l'officier détenu est autorisé, soit à réclamer une fourniture de troupe, soit à tirer du dehors les objets nécessaires, soit enfin à traiter avec le cantinier au prix réglé par un tarif, qui ne devra pas dépasser le taux fixé pour l'indemnité d'ameublement allouée aux officiers de son grade. L'officier détenu conserve ses droits à l'allocation de l'indemnité d'ameublement, lorsque le mobilier ne lui est pas fourni gratuitement.

Le service de l'officier détenu est fait, s'il le désire, par les soins du cantinier, au prix fixé par le tarif, et, à défaut, par un détenu désigné par l'agent principal et qui reçoit la même indemnité.

Le tarif des objets à fournir aux officiers détenus est fixé par le général commandant la division, sur la proposition du sous-intendant militaire. Ce tarif énumère les objets d'ameublement que l'officier détenu peut être autorisé à faire venir du dehors.

R

Réforme n°s 1 et 2.

(Add. au même art., p. 316, *Dict.*)

Est appliquée à tous les hommes liés au service dans les conditions des lois des 26 avr. 55 et 24 juil. 60 (engagés volontaires après libération, rengagés, remplaçants par voie administrative) la disposition qui attribue au ministre seul la faculté de prononcer la réforme pour infirmités antérieures à l'incorporation. — Lorsqu'un militaire dans cette position a été reconnu susceptible d'être réformé, les commissions spéciales se bornent à constater ses infirmités. Les généraux commandant les divisions adressent ensuite au ministre, avec leur avis, les certificats de visite et de contre-visite, en lui faisant connaître en même temps les sommes payées et les officiers qui ont délivré les certificats d'acceptation. Ces prescriptions ne concernant que les militaires atteints d'infirmités antérieures à leur incorporation ou rengagement, il est procédé suivant les règles ordinaires pour les cas de réforme qui se produisent dans le cours du service (D. m. 4 juil. 64).

Remonte des officiers des diverses armes.

(Add. au même art., p. 328, *Dict.*)

Remonte à titre gratuit des officiers appartenant aux corps de troupe à cheval. — A l'époque de l'inspection générale et à la revue trimestrielle de janvier, les propositions de réforme ou de versement dans le rang continuent à être soumises au ministre, qui statue; il en est de même pour toutes les demandes de chevaux de première mise ou de chevaux de remplacement qui sont formées dans le courant de l'année. A la répartition générale du 1er avr., tout officier qui désire changer sa monture pour en prendre une autre plus à sa convenance, ou qui a droit à un cheval de première mise, est admis, suivant son grade et son ancienneté de grade, à exercer son choix parmi les chevaux disponibles du corps, y compris ceux de remonte, âgés de 5 ans au moins et admis ou en état d'être admis à l'escadron. Dans aucun cas ces échanges ne peuvent donner droit au report sur le nouveau cheval du temps fait par la monture abandonnée. — Les mutations de cette nature sont portées à la connaissance du ministre par la transmission d'un état conforme au modèle joint au livret d'inspection générale, et accompagné d'un certificat faisant connaître les motifs du remplacement et mentionnant si la responsabilité de l'officier détenteur est ou non engagée (D. m. 6 mai 64 et 3 janv. 65).

Remplacement administratif.

(Add. au même art., p. 340, *Dict.*)

Est prélevé, sur la première portion de la prime ou des annuités attribuées aux remplacements administratifs, le montant de la première mise de petit équipement, suivant l'arme à laquelle les hommes sont affectés.

Lorsque la portion susceptible d'être payée comptant, en vertu de l'engagement, est inférieure à la première mise de petit équipement, la différence est imputée sur les fonds du service de la solde (A. m. 28 fév. 63).

Rengagements.

(Modif. au même art., § 1, p. 342, *Dict.*)

Les militaires de l'armée active et de la réserve ne peuvent être admis à se rengager que lorsqu'ils sont entrés dans leur dernière année de service (C. m. 10 déc. 64).

Réserve de l'armée.

(Add. au même art., p. 345, *Dict.*)

Les chefs de corps doivent faire passer dans la réserve un militaire appartenant à une des classes les plus anciennes de service, toutes les fois qu'un homme de la réserve est réadmis à l'activité.

La même mesure doit être appliquée en ce qui concerne les incorporations résultant des engagements volontaires après libération et des remplacements administratifs.

Les situations mensuelles des corps doivent indiquer, d'une part, aux gains, les incorporations, et, d'autre part, aux pertes, les renvois effectués par suite de ces incorporations (C. m. 28 janv. 63).

Réserve de l'armée formée de la deuxième portion du contingent annuel.

(Add. après le 3e §, 2e col., p. 352, *Dict.*)

Masse individuelle. — Il n'y a jamais lieu de payer aux jeunes soldats de la deuxième portion du contingent l'excédant du complet de leur masse individuelle (N. m. 30 déc. 62).

(Add. à la fin du même art., col. 1, p. 353, *Dict.*)

Armement. — Les commandants de recrutement établissent, conformément au R. du 1er mars 54, un registre des bois poinçonnés E, un registre des procès-verbaux (Mod. 33), et un registre des réparations, dont les inscriptions sont certifiées conformes à celles du registre du corps chargé d'entretenir les armes.

Ils gardent copie des états de réparations prescrites aux différentes visites; à cet effet, ils établissent chaque année un état conforme au modèle 29 du R. (V. ce mod. p. 394, *Dict.*); les armes y sont portées dans l'ordre de la série naturelle de leurs numéros, en laissant assez d'espace entre deux numéros consécutifs pour que les réparations prescrites à la même arme, aux différentes visites, pendant le semestre d'hiver, puissent être inscrites les unes à la suite des autres (N. m. janv. 63).

(Add. après le 6e §, col. 1, p. 347, *Dict.*)

Arme de la cavalerie. — Une tolérance de taille est accordée, pour l'arme de la cavalerie, aux hommes de la deuxième portion du contingent qui ont déjà l'habitude du cheval; cette tolérance est basée sur ce qu'étant plus aptes à profiter de leur séjour dans les dépôts d'instruction, leur éducation élémentaire y sera plus rapide, et par suite ils seront, en cas d'appel à l'activité, susceptibles de rendre immédiatement des services dans les corps. Ces avantages sont de nature à compenser ce qui manquerait encore à leur taille au moment de leur incorporation.

Par ces considérations, les hommes de cette catégorie peuvent être désignés à la taille, savoir : d'un mètre 70 cent., pour les carabiniers; d'un mètre 67 cent., pour les cuirassiers; d'un m. 65 cent., pour les dragons et lanciers; d'un m. 62 cent., pour les chasseurs et hussards.

Toutefois, les conditions de taille prescrites pour la cavalerie n'en sont pas moins maintenues à l'égard des hommes de la première portion du contingent (D. m. 14 fév. 63).

(Add. après le 5e §. col. 2. p. 352. *Dict.*)

Destination à donner aux fonds de masse des exonérés et réformés. — L'avoir à la masse individuelle des jeunes soldats de la 2e portion du contingent, admis à se faire exonérer ou qui sont réformés, est repris au profit du trésor. La reprise est opérée sur la revue annuelle établie au titre du dépôt d'instruction et par les soins du corps instructeur, si l'exonération ou la reforme a lieu dans le cours des trois dernières années consacrées à l'instruction des jeunes soldats; ou, si le fait se produit dans le cours d'une des années suivantes, à la diligence du commandant du dépôt de recrutement du département. Dans le cas de débet, le jeune soldat exonéré est tenu d'en verser le montant à la masse individuelle du dépôt d'instruction ou à la masse générale d'entretien du corps instructeur, selon que l'exonération a lieu pendant ou après les trois années d'instruction. Le versement après les trois années d'instruction est effectué à la diligence du commandant du dépôt de recrutement, sur le registre duquel le jeune soldat est inscrit (N. m. 25 juil 63).

Administration des jeunes soldats ayant terminé leur instruction. — Les jeunes soldats de la 2e portion du contingent qui ont terminé leur instruction, sont administrés complètement par les commandants des dépôts de recrutement des départements auxquels ils appartiennent, et les commandants de ces dépôts reçoivent à cet effet toutes les pièces concernant ces jeunes soldats. A l'expiration de la dernière période d'instruction de chaque classe, les corps instructeurs établissent, au titre de chaque département qui a fourni des jeunes soldats, une feuille de décompte sur laquelle ils ne portent que le débet (pour mémoire) et l'avoir à la masse des hommes. Pour l'établissement de ces feuilles de décompte, les corps instructeurs font usage du modèle annexé à la C. m. 25 mars 64, ou du modèle n° 64 annexe a l'ordonnance 10 mai 44, après y avoir fait les modifications nécessaires. — Les feuilles de decompte, dûment arrêtées, sont envoyées, avec le carnet des dépôts, au commandant de recrutement du centre d'instruction, qui garde celle de son département et remet les autres au sous-intendant militaire chargé de la surveillance du corps instructeur; il joint à chacune d'elles un mandat de virement d'une somme égale à l'avoir des hommes inscrits sur cette feuille (Art. 109 de l'ordonnance précité). Le sous-intendant militaire envoie ces pièces à ses collègues des départements des jeunes soldats, qui en font la remise aux commandants du recrutement. Ceux-ci présentent les mandats de virement aux préposés de la caisse des dépôts et consignations, qui délivrent en échange un récépissé dont ils inscrivent le montant sur un carnet de dépôt ouvert a cet effet. Il est tenu un carnet par classe et par arme. — Les virements et les retraits effectués par les officiers de recrutement aux caisses des dépôts et consignations, ont lieu suivant les règles générales. — Les feuilles de décompte sont arrêtées, le 1er janvier de chaque année, par les commandants des dépôts de recrutement, et vérifiées par les sous-intendants militaires, qui peuvent, du reste, constater toute époque de l'année l'exactitude des écritures, en partant de l'arrêté annuel et en tenant compte des recettes et des dépenses effectuées depuis le 1er janv., opération qui donne pour résultat le reliquat du carnet. — Les intendants militaires inspecteurs s'assurent, pendant leur tournée annuelle, qu'il y a concordance entre le montant des feuilles de décompte et les existants aux carnets (C. m. 25 mars 64).

Débet à la masse des jeunes soldats de la réserve appelés à l'activité. — Le jeune soldat de la 2e portion du contingent qui, après avoir terminé ses périodes d'instruction, aurait laissé à sa masse individuelle un débet imputable, suivant l'art. 9 du R. 27 déc. 60, a la masse générale d'entretien du corps dans lequel il a reçu l'instruction militaire, serait tenu, s'il est appelé à l'activité ou admis à devancer l'appel, de rembourser le montant de ce debet par un versement la masse générale d'entretien de son nouveau corps, au moyen d'un prélevement sur la masse individuelle. Ce versement est opéré à la diligence du commandant du dépôt de recrutement sur les registres duquel le jeune soldat est inscrit. Quant aux débets des jeunes soldats appelés à l'activité ou admis à devancer l appel pendant le cours des années consacrées à leur instruction militaire, le remboursement en est effectué conformément aux dispositions de l'art 177 de l'ordonnance 10 mai 44, le corps instructeur étant consideré comme ancien corps (D. m. 27 mai 64).

Jeunes soldats de la réserve appelés à l'activité dans une autre arme que celle à laquelle ils avaient été primitivement affectés. — 1° Les jeunes soldats instruits dans les centres d'instruction d'infanterie (jeunes soldats appartenant à l'infanterie de ligne, aux chasseurs à pied, au génie, aux ouvriers d'administration, etc) et les jeunes soldats non montés de l'artillerie incorporés dans les troupes à cheval, reçoivent le supplément fixé par la C. m. 26 août 61, pour le corps dans lequel ils sont incorporés, plus un autre supplément de 10 francs. — 2° Les jeunes soldats instruits dans la cavalerie (carabiniers, cuirassiers, etc.) et les jeunes soldats montés de l'artillerie incorporés dans l'infanterie, les chasseurs à pied, le génie, les ouvriers d'administration, etc., reçoivent seulement le supplément fixé par la circulaire précitée pour le corps dans lequel ils sont incorporés — 3° Les jeunes soldats de l'artillerie à pied incorporés dans l'infanterie, *et vice versâ*, et ceux de l'artillerie à cheval incorporés dans la cavalerie, *et vice versâ*, n'ont droit qu'au supplément fixé par la C. m. 26 août 61, pour l'arme dans laquelle l'incorporation peut avoir lieu.

Il demeure entendu que les suppléments qui précèdent sont exclusifs des suppléments de 10 f. et de 40 f. accordés par les tarifs généraux de la solde aux militaires incorporés changeant d'arme (D. m. 28 mai 61).

Masse individuelle des jeunes soldats retardataires de la 2e portion du contingent. — Lorsqu'un jeune soldat de la 2e portion du contingent termine son instruction après la période réglementaire de sa classe, et après que le carnet spécial a sa classe est déjà entre les mains du capitaine de recrutement de son département, le corps instructeur dresse, en double expédition, un bulletin de situation de l'avoir à la masse du jeune soldat retardataire, et en remet directement le montant, sur reçu apposé à l'une des expéditions, au commandant du recrutement, qui verse la somme reçue à la caisse des dépôts et consignations, et fait inscrire le versement sur le carnet spécial affecté à la classe et à l'arme du jeune soldat. — Si le corps instructeur ne se trouve pas sur les mêmes lieux que le capitaine de recrutement, l'avoir à la masse du jeune soldat est versé par le corps instructeur dans la caisse du receveur des finances, contre un mandat payable sur l'acquit du capitaine de recrutement du département dont le jeune soldat fait partie. — Le receveur inscrit, au bas de l'une des expéditions du bulletin, le récépissé de la somme reçue; l'autre expédition est adressée par le corps instructeur, avec le mandat, au commandant de recrutement, qui procède comme il est dit plus haut, après avoir touché chez le receveur le montant du mandat (D. m. 29 nov. 64).

S

Souliers.

(Pour faire suite à l'art. p. 370, *Dict.*)

Essayage et distribution des souliers fabriqués par les ateliers civils. — Les souliers de troupe confectionnés par les ateliers civils sont établis sur six pointures différentes, variant de 26 à 31 cent., et chacune de ces six pointures comporte quatre grosseurs de doigts et de coude-pied; de façon que la série complète de tous les souliers de fabrication civile se compose de 24 sortes de chaussures, qui semblent offrir toutes les combinaisons nécessaires pour qu'on puisse chausser tous les hommes, à l'exception, d'ailleurs très-rare, de ceux dont les pieds présentent une conformation tout-à-fait anormale. Chaque paire de souliers porte sur la partie apparente des semelles fortes, à la cambrure, un timbre sec imprimé au balancier, indiquant tout à la fois la pointure et la largeur des chaussures; cette marque indique les mesures du soulier prises *à l'intérieur*. Ainsi, les souliers de la pointure 26 et de la plus petite grosseur, sont marqués du chiffre 26/1; les souliers de même pointure, mais de grosseur supérieure, sont marqués des chiffres 26/2, 26/3, 26/4. Il en est de même pour les autres pointures 27, 28, 29, 30 et 31.

Il est d'abord indispensable que, dans les ateliers régimentaires, les souliers provenant des confections civiles soient méthodiquement classés par pointure et par subdivision de pointure ; c'est-à-dire que chacune des 24 sortes de chaussures doit être rangée dans une case distincte, de façon qu'on puisse prendre immédiatement la chaussure dont on a besoin. Cet ordre apporté dans l'emmagasinement des souliers facilite la rapidité des distributions, en même temps qu'il diminue l'encombrement et les chances d'erreurs.

Lorsqu'on procède aux distributions, il faut éviter avec le plus grand soin que, par négligence ou par maladresse, les hommes ne prennent des souliers trop courts ou trop longs, trop étroits ou trop larges, afin d'empêcher que le soldat puisse être blessé ou que sa chaussure, mal proportionnée à son pied, soit promptement déformée et détériorée. — Pour ce qui concerne le choix à faire des souliers, lorsqu'il s'agit de leur longueur, rien n'est plus facile, puisque les pointures varient seulement d'un cent. du n° 26 au n° 31. Quant à la largeur, il suffit de se rappeler que, dans chaque pointure variant de longueur de 26 à 31 cent., il y a quatre largeurs différentes de doigts et de coude-pied, et que la largeur des doigts et du coude-pied augmente de 5 mill. d'une largeur à l'autre. Ainsi le 26/1 est, dans cette pointure, le soulier le plus étroit; le soulier 26/2 est plus large de 5 mill. aux doigts et au coude-pied que le précédent; le 26/3 plus large de 10 mill., et le 26/4 plus large de 15 mill. Il est à remarquer encore que, à mesure que la pointure s'élève, la largeur des doigts et du coude-pied augmente également : le 27/1 a 5 mill. de plus en largeur que le 26/1; le 28/1 a 5 mill. de plus en largeur que le 27/1, et ainsi de suite jusqu'à la pointure de 31 cent. De telle sorte qu'en montant ou en descendant l'échelle des pointures, on trouve toujours la possibilité de chausser convenablement un homme, quelles que soient les proportions de son pied. — Ainsi, par exemple, si l'on donne à un homme une paire de souliers timbrés 28/4 et que cette chaussure soit suffisamment longue mais trop large, on peut la remplacer par un 28/3, par un 28/2, et au besoin même par un 28/1; d'où il suit qu'on aura la faculté de délivrer à ce même homme des souliers ayant la même longueur, mais dont la largeur diminuera, suivant la nécessité, de 5, de 10 ou de 15 mill. L'inverse aurait lieu pour chausser un homme auquel le 28/1 serait suffisamment long, mais trop étroit. — Autre exemple : si l'on délivre à un homme une paire de souliers 27/2, et que cette chaussure soit d'une largeur convenable, mais trop courte, on peut la remplacer par un 28/1, qui, bien qu'ayant 10 mill. de plus en longueur ne diffère pas de largeur. Si, au contraire, le 27/2, toujours d'une largeur convenable, est trop long, on peut y substituer un 26/3, qui correspond exactement pour la largeur au 27/2.

En définitive, les proportions de forme adoptées pour la confection des chaussures établies dans les ateliers civils, ont été combinées de telle sorte que, quatre hommes ayant le pied de même largeur, mais chaussant, le premier 26 cent. de longueur, le second 27, le troisième 28 et le quatrième 29, trouveront des souliers bien proportionnés à leur pied, en prenant : le premier du 26/4, le second du 27/3, le troisième du 28/2, et le quatrième du 29/1. Il est donc d'une nécessité absolue que, dans les régiments, on se rende bien compte des marques de pointures et des subdivisions de pointures en quatre largeurs qu'indiquent les chiffres estampés sur la semelle forte, à l'endroit de la cambrure, et qu'on ait sérieusement égard aux dimensions diverses de longueur et de largeur lorsqu'on distribue aux hommes les souliers provenant des ateliers civils.

(I. m. 7 janv. 64.)

T

Tiercement.

(Add. au même art., p. 376, *Dict.*)

Dans chaque régiment d'infanterie, en France et en Algérie, le dernier capitaine nommé aux fonctions d'adjudant-major doit être, lors de sa nomination à ces fonctions, attaché au bataillon de dépôt du corps (D. m. 20 mars 63).

Tirailleurs algériens.

(Add. au même art., p. 377, *Dict.*)

Les indigènes des régiments de tirailleurs algériens peuvent être admis à se faire remplacer au corps; leur remplacement a lieu dans les conditions et suivant les formes prescrites pour leur engagement.

Le remplaçant est tenu d'accomplir le temps de service qui restait à faire au remplacé.

Le remplacé doit supporter toutes les dépenses d'habillement et d'équipement que doit occasionner l'incorporation de son remplaçant.

Les autorisations sont données, sur la proposition du conseil d'administration du corps, par le général commandant la division, et les actes de remplacement sont dressés par le sous intendant chargé de la surveillance administrative du corps (A. m. 10 fév. 63).

Travaux topographiques.

(Add. au même art., p. 380, *Dict.*)

Les instructions sur les inspections générales prescrivent de faire exécuter tous les ans, avant l'époque de ces inspections, des travaux topographiques par les officiers et sous-officiers, depuis le grade de chef de bataillon ou d'escadrons jusques et y compris celui de sergent ou de maréchal-des-logis. A cet effet, chaque chef de bataillon ou d'escadrons prépare pour les capitaines, ceux-ci pour les lieutenants et sous-lieutenants, et les lieutenants et sous-lieutenants pour les sous-officiers sous leurs ordres, le programme d'une question prise dans le service en campagne, et dont l'importance est proportionnée au grade de celui à qui elle est destinée. On se conforme généralement, pour ces questions, au formulaire ci-après, annexé à la N. m. 19 avr. 41. Ce programme doit être rédigé avec clarté et concision, on y indique les conditions auxquelles il devra être satisfait, et le temps dans lequel le travail devra être accompli. Il est reproduit en tête de chaque travail, lequel est, si cela est nécessaire, accompagné d'un croquis destiné à faciliter l'intelligence du texte, et ceux-là même qui ne savent pas dessiner peuvent toujours ajouter, par quelques indications sommaires, à la clarté de leurs descriptions. — Son travail terminé, chaque officier ou sous-officier le remet à celui qui l'en a chargé; celui-ci s'assure, par une lecture attentive, de la manière dont la mission donnée a été accomplie, et consigne ses observations dans une note. — Le colonel réunit ensuite tous ces travaux, les examine, les annote, les classe, et, au moment de l'inspection générale, les tient à la disposition du général inspecteur, comme moyen d'appréciation de l'intelligence et de l'instruction, tant générale que militaire, des officiers et sous-officiers du régiment. — L'inspecteur général fait connaître son opinion personnelle sur le degré de mérite des travaux exécutés; il prescrit le dépôt aux archives du corps de ceux qui lui paraissent dignes d'être conservés; quant aux autres, il les fait détruire ou remettre à leurs auteurs, si ceux-ci les réclament.

Aucun officier ou sous-officier ne peut se dispenser de traiter la question qui lui a été posée (Inst. sur les insp. gén.).

FORMULAIRE DU 19 AVRIL 1844

Questions militaires à donner aux sous-officiers — 1. Conduite à tenir par un petit poste de 6 à 15 hommes pour éviter les surprises, et en cas d'attaque par l'ennemi, de jour et de nuit, par où se repliera-t-il sur la grand'garde? — 2. Manière de fouiller un bois, un ravin, un village, et de s'assurer qu'il ne renferme pas d'embuscade. — 3. Choix d'un emplacement et dispositions préliminaires d'une embuscade de 8 à 15 hommes, pour enlever un officier chargé de dépêches avec une petite escorte. — 4. Reconnaissance topographique d'une rive, d'un cours d'eau, d'un pont, d'un gué, d'un abreuvoir pour la cavalerie, d'un défilé, d'une ferme, d'un moulin ou usine, d'un château, d'un village. — 5. Reconnaissance statistique des ressources d'une ferme, d'un château, d'un hameau, d'un village, pour les subsistances, les moyens de transport, le logement des hommes et des chevaux, les réparations de l'habillement, de la chaussure, du ferrage, du harnachement, des voitures. — 6. Reconnaissance militaire d'une ferme, d'un château, d'un hameau, d'un village, pour s'assurer des moyens de défense qu'ils peuvent fournir à 15 ou 20 hommes, sans remuement de terre ou autres travaux d'art préalables. Ces divers exercices fournissent matière à des rapports qui contiennent toujours un aperçu de l'aspect du terrain et quelques données sur l'état des routes et chemins. Ces rapports peuvent être accompagnés d'un croquis en crayon à la mine de plomb, à l'échelle de 1/10,000. — 7. Itinéraire d'une route ou d'un chemin, en tableau ou levé à vue, au 1/20,000. — 8. Reconnaissance topographique, statistique et militaire d'une habitation isolée, ferme, château ou usine, d'un hameau ou d'un village, pour servir à l'établissement du cantonnement d'une section, d'un peloton d'infanterie ou de cavalerie; proposition des mesures à prendre pour garantir la troupe de surprise et assurer sa réunion avec le reste du bataillon ou de l'escadron cantonné à proximité. Cette reconnaissance donne lieu à un mémoire dans lequel on fait : 1° la description physique du terrain reconnu ; 2° la statistique, à l'appui de laquelle on met un tableau ; 3° l'énumération des routes, chemins et sentiers, avec des notes sur leur état de viabilité et le nombre d'heures et de minutes nécessaires à un homme ou à un cheval pour les parcourir. A l'appui de cette reconnaissance, qui ne peut excéder la surface d'un kilomètre carré, on joint une carte du terrain, levée à l'échelle de 1/20,000, avec les teintes et signes conventionnels. — 9. Construction d'une redoute sur un point déterminé, pour 40 à 60 hommes d'infanterie. Cet exercice donne lieu à un travail graphique et à un mémoire : le travail graphique donne, en deux feuilles, le plan et les profils de la redoute, à l'échelle de 1/200; le mémoire fait connaître la destination de l'ouvrage, son tracé, ses dimensions, les déblais et remblais de ses différentes parties, le temps nécessaire à sa construction, ainsi que les dispositions relatives à sa défense.

On sent que les exercices 8 et 9 ne doivent être prescrits qu'aux sous-officiers qui sont en état de les faire.

Questions militaires à donner aux lieutenants et sous-lieutenants. — 1. Choix de l'emplacement et tracé d'un camp pour un bataillon ou deux escadrons. — 2. Placement d'une grand'garde et de ses petits postes; consigne particulière à leur donner, ainsi qu'aux sentinelles et vedettes; moyens à employer de jour et de nuit pour entretenir la vigilance des petits postes, des sentinelles et vedettes; conduite à tenir en cas d'attaque et manière d'opérer la retraite sur le corps principal. — 3. Commandement d'un détachement de 40 à 100 hommes d'infanterie ou de cavalerie, rejoignant le corps dont il fait partie, à travers un pays de plaine, découvert, montueux, boisé ou coupé, dans une contrée suspecte. — 4. Conduite d'un convoi d'effets militaires, de subsistances, de prisonniers; division des voitures, répartition de l'escorte, précautions dans les haltes; dispositions de défense, s'il vient à être menacé près d'un point déterminé. — 5. Attaque, sur un point désigné, d'un convoi dont la composition, la force de l'escorte et sa disposition sont connues; manière de conduire en lieu de sûreté le matériel capturé et les prisonniers, en face d'un secours ennemi inattendu. — 6. Choix d'un lieu propre à tendre une embuscade de 50 à 100 hommes, pour l'enlèvement d'un officier général ou pour l'enlèvement de la queue d'un convoi; dispositions préliminaires pour assurer sa réussite. — 7 Conduite de la pointe d'une avant-garde ou de l'extrême arrière-garde d'un régiment, en face de l'ennemi ou dans un pays suspect. Tous les exercices précédents font le sujet de rapports, dans lesquels les officiers indiquent d'abord l'aspect du terrain et l'état des routes et des chemins. Ceux qui savent dessiner joignent à l'appui un croquis au crayon à la mine de plomb, à l'échelle de 1/10,000. — 8. Construction d'un itinéraire en tableau ou levé, au 1/20,000. — 9. Reconnaissance spéciale d'un pont, d'un gué, d'un défilé, d'une partie de route. On peut joindre, à l'appui du rapport, un plan à l'échelle de 1/10,000. — 10. Reconnaissance militaire d'une ferme, d'un hameau, d'un village, pour s'assurer des moyens de défense qu'ils peuvent présenter, sans remuement de terres ou autres travaux d'art. — 11. Reconnaissance des mêmes localités pour proposer les moyens de mettre en état de défense, à l'aide de quelques travaux que pourraient exécuter en 48 heures 4 à 6 maçons, autant d'ouvriers en fer et en bois, et des matériaux qui se trouvent sur place. Evaluation du nombre d'hommes nécessaires à leur défense. On peut joindre à ces deux exercices des plans à l'échelle du 1/1,000 ou du 1/500 suivant la grandeur de la localité. L'échelle des détails doit être encore plus grande. — 12. Reconnaissance statistique d'un gros village, où l'on annonce l'intention de cantonner un demi-bataillon ou un bataillon tout au plus. Le rapport auquel cette reconnaissance donne lieu contient : 1° la description physique du terrain reconnu ; 2° sa statistique, à l'appui de laquelle est un tableau ; 3° l'énumération des routes, chemins et sentiers, avec des notes sur leur état de viabilité et l'indication du temps nécessaire à un homme ou à un cheval pour les parcourir ; 4° enfin, les considérations militaires dans lesquelles on propose les mesures à prendre pour garantir le cantonnement de surprise et assurer la retraite des troupes sur le point de ralliement extérieur indiqué ; on y ajoute l'évaluation du temps pendant lequel les hommes et les chevaux peuvent subsister aux dépens du village, en laissant aux habitants les grains nécessaires pour les semailles, les fourrages indispensables jusqu'à la fenaison, on suppute, en outre, les ressources que peut offrir le village pour les réparations de l'habillement, de la chaussure, du ferrage, du harnachement, etc. On joint, à l'appui de cette reconnaissance, une carte équivalant, pour sa surface, à un carré de 2,500 mètres de côté, à l'échelle de 1/20,000, avec teintes et signes conventionnels. — 13. Construction d'une redoute sur un point déterminé, pour 60 à 120 hommes d'infanterie et une pièce de canon. Cet exercice donne lieu à un travail graphique et à un mémoire : le travail graphique consiste en 3 feuilles de dessin, dont une est consacrée au défilement, les deux autres au plan, aux profils et aux détails. Le plan est à l'échelle de 1/200 ; les profils et les détails, à l'échelle du double. On fait connaître dans le mémoire l'objet de l'ouvrage, son tracé, ses dimensions, les déblais et remblais de ces différentes parties, le temps nécessaire à sa construction, ainsi que les dispositions relatives à son armement et à sa défense.

Ces deux derniers exercices ne se donnent qu'aux officiers qui ont résolu les autres questions d'une manière satisfaisante.

Questions militaires à donner aux capitaines. — 1. Choix de l'emplacement d'un camp pour un régiment d'infanterie ; sa destination et son tracé ; nombre de tentes et d'outils nécessaires pour l'établir ; indication des lieux à proximité où l'on ira à la paille, au bois et à l'eau. — 2. Choix d'une position propre au bivouac d'un régiment d'infanterie ; ses propriétés offensives ou défensives ; points où l'on placera les grand'gardes et les petits postes ; objet que les uns et les autres auront à remplir ; lieux où l'on ira prendre la paille, le bois et l'eau. — 3. Conduite d'un détachement de 100 à 600 hommes, qui a l'ordre de rejoindre le corps dont il fait partie, à travers un pays suspect ou en face de l'ennemi. — 4. Conduite d'un convoi de 100 à 150 voitures ou de 400 à 800 prisonniers, par un détachement d'infanterie ; indication de la disposition du matériel et de l'escorte pour la marche et dans les haltes ; dispositions défensives prises aux approches d'un point désigné comme dangereux ou à l'apparition de l'ennemi. — 5. Attaque d'un convoi dont le nombre de voitures ou de prisonniers ainsi que la force et la composition de l'escorte sont connus, par un détachement de 500 à 600 hommes ou de 300 à 400 chevaux, sur un pont ou dans des circonstances indiquées ; moyens pris pour conduire en lieu de sûreté le matériel capturé et les prisonniers, malgré la présence de l'ennemi. — 6. Exécution d'un fourrage au sec dans un village, en face de l'ennemi, par un régiment d'infanterie protégé par une escorte de 400 à 500 hommes ; placement des postes extérieurs ; mesures de vigilance et de police ; manière d'opérer le fourrage ; ordres donnés pour les cas d'attaque et de retraite. — 7. Conduite de l'avant-garde ou de l'arrière-garde d'un régiment en face de l'ennemi ou en pays suspect. — 8. Reconnaissance topographique d'un défilé avec le projet de le forcer, ou de le défendre avec 300 ou 400 hommes. — 9. Reconnaissance militaire d'une habitation isolée ou d'un village, pour s'assurer des moyens de défense qu'ils peuvent présenter sans remuement de terre ou avec quelques travaux exécutés en un court délai par quelques maçons, ouvriers en fer et en bois. — 10. Reconnaissance statistique d'un gros village où doit cantonner un bataillon. Tous ces exercices, à l'exception des deux derniers, donnent matière à des rapports et à des croquis semblables, pour la forme et le contenu, à ceux qu'exécutent les lieutenants. Les exercices n°s 9 et 10 contiennent plus de développements, et sont accompagnés de cartes avec teintes et signes conventionnels. — 11. Construction d'un ouvrage de fortification passagère, sur un point déterminé, pour 300 à 400 hommes avec de l'artillerie. Cet exercice consiste en un travail graphique et un mémoire analogues à ceux qu'on a demandés aux lieutenants ; mais il contient plus de développements. Les capitaines qui résolvent très-bien ces questions, peuvent alors seulement être exercés sur des problèmes de même nature, mais où l'on emploie des troupes des trois armes.

Troupes ou militaires embarqués.

(Add. au même art., p. 386, *Dict.*)

Voici les modèles des états de filiation.

[Troupes embarquées. — État de filiation pour hommes.]

* RÉGIMENT

** Bataillon* ** Compagnie*

ÉTAT de filiation des militaires qui doivent s'embarquer pour le 186 sur le navire le

NUMÉROS d'ordre	NOMS ET PRÉNOMS	GRADES	NUMÉROS d'ordre	NOMS ET PRÉNOMS	GRADES

Certifié le présent état à la quantité de passagers, dont :

A la table du commandant.......
— de l'état-major........
— des maîtres............
Simples rationnaires............

Total......

A le 186
Le sous-intendant militaire,

A le 186
Le capitaine,

[Troupes embarquées. — État de filiation pour chevaux.]

* RÉGIMENT

** Escadron*

ÉTAT signalétique des chevaux ou mulets qui doivent être embarqués pour le sur le navire le

NUMÉROS d'ordre	NOM DU CHEVAL	SEXE	AGE	TAILLE	SIGNALEMENT

Certifié le présent état à la quantité de :

Chevaux ....
Mulets..........................

Total......

A le 186
Le sous-intendant militaire,

A le 186
Le capitaine,

Vaguemestres des corps.

(Add. après le 9e §, col. 2, p. 390, *Dict.*)

Régularisation des mandats erronés. — Lorsque, sur les mandats de poste, les noms des militaires destinataires sont écrits d'une manière incorrecte, la régularisation est faite sur le mandat même, mais sans altération du nom ou de la désignation erronée, et cette régularisation est appuyée de la signature du chef de corps ou de service, ainsi que de l'apposition du timbre ou cachet dont il dispose.

La même disposition est applicable aux mandats sur lesquels la position des destinataires n'est pas suffisamment indiquée (D. m. 20 août 62 et 30 juil. 63)

(Add. avant le dernier §, 2e col. p. 390, *Dict.*)

Nouvelle fixation de l'indemnité attribuée aux vaguemestres d'infanterie. — L'allocation a faire aux vaguemestres de tous les corps d'infanterie, doit avoir pour base, non plus le nombre de bataillons dont se composent les régiments, mais le nombre des compagnies composant la portion du corps auprès de laquelle le vaguemestre est employé, d'après les fixations suivantes : pour l'état-major, avec ou sans le dépôt, 25 c. par jour; pour le dépôt composé du major, des officiers comptables et de la compagnie hors rang, 15 c. par jour; pour chaque compagnie détachée ou réunie à l'état-major ou au dépôt, 3 c. par jour.

L'indemnité de 25 c. pour l'état-major, et, s'il y a lieu, celle de 15 c. pour le dépôt, sont toujours allouées séparément dans les feuilles de journées et sur les revues. Quant aux allocations pour les compagnies, elles doivent être faites dans les feuilles de journées en raison du nombre de compagnies auprès desquelles les sous-officiers remplissent les fonctions de vaguemestres; mais, après qu'elles ont été additionnées sur le relevé général des journées, elles doivent y être résumées en une fixation unique, en rapport avec le nombre de compagnies dont se composent les corps, et figurer dans les revues d'après l'exemple suivant :

CORPS DIVISÉ DANS L'INTÉRIEUR OU EN ALGÉRIE

Pour l'état-major, du	au	inclus 92 j. à 0 f.	25 c.
Pour le dépôt,	id.	92 j. à 0	15
Pour 24 compagnies,	id.	92 j. à 0	72

(D. m. 4 août 63.)

Nouvelle fixation de l'indemnité aux vaguemestres des régiments de cavalerie de la garde impériale et de la ligne (spahis exceptés) : — Pour l'état-major (avec ou sans le dépôt), 25 c. par jour; pour le dépôt constitué, 15 c. par jour; pour un escadron isolé, 15 c. par jour; pour chaque escadron réuni à l'état-major, au dépôt ou à un escadron isolé, 10 c. par jour.

FIN DU SUPPLÉMENT

www.ingramcontent.com/pod-product-compliance
Lightning Source LLC
LaVergne TN
LVHW020250230826
846091LV00006B/2339
9782329567808